어설프게 아는 것이 더 무섭다

덮어 놓았기에 · 불편해지는 · 40가지 · 믿음의 · 문제들

어설프게 아는 것이 더 무섭다

이승헌 지음

Be Accurate!

마음지기

 Contents

프롤로그　10

Part 01
하나님과의 바른 관계를 위하여

01. 내 믿음은 하나님이 인정하시는 믿음인가?　18
　　하나님을 기쁘시게 하는 방법이 궁금할 때
　　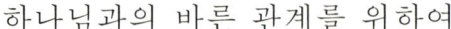 믿음, 순종, 결정

02. 내 인생의 변곡점에서 예수 그리스도를 만났는가?　25
　　삶이 녹록지 않다고 느껴질 때
　　 원망, 고난, 섬김

03. 과연 하나님의 계산법대로 계산했는가?　31
　　하나님이 불공평하다고 생각될 때
　　 불공평, 불공정, 약속

04. 무엇으로 하나님을 기쁘시게 할 수 있을까?　37
　　방법이나 과정이 중요하지 않다고 생각될 때
　　 욕심, 시험, 리더십

05. 하나님의 뜻을 잊었거나 무시했거나 대체하지는 않았는가?　43
　　하나님의 뜻보다 내 뜻이 중요할 때
　　 시련, 문제 해결, 목표

06. '은혜'라는 말을 함부로 남용하지는 않는가?　50
　　은혜라는 것이 무엇인지 정확히 알고 싶을 때
　　 은혜, 은사, 증거

07. 여전히 충분한 은혜를 받지 못했다고 생각하는가? 56
   내 삶에 은혜가 사라진다고 생각될 때
   🏷 은혜, 은사, 자유

08. 이미 받은 은혜를 빼앗기지 않으려면? 62
   받은 은혜를 지키고 싶을 때
   🏷 은혜, 욕심, 용서

09. 하나님이 우리에게 주시고자 하는 지혜의 길은? 68
   내가 지혜로운 사람인지 궁금할 때
   🏷 지혜, 탐욕, 간구

10. 주의 일을 하는 일꾼인가, 나의 일을 하는 사람인가? 74
   열심히는 하는데 기쁨이 없을 때
   🏷 봉사, 동기, 기쁨

Part 02
우선순위의 교정을 위하여

---

11. 내 믿음은 '아는 믿음'인가, '믿는 믿음'인가? 82
   일이 잘 풀리면 잘 믿을 것 같을 때
   🏷 증거, 기적, 믿음

12. 고난이 정말 나에게 유익이 되었는가? 89
   고난을 겪은 후에 어떻게 살아야 할지 모를 때
   🏷 고난, 진리, 평안

13. 내 믿음의 모퉁잇돌은 나의 '열심'인가, '예수님'인가? 96
    내 열심이 하나님을 위한 열심인지 헷갈릴 때
    🏷 신앙생활, 열심, 이끄심

14. 나를 드러내기 위해 하나님을 이용하지는 않는가? 102
    예수님을 통해 나를 드러내고 싶을 때
    🏷 교만, 증명, 회개

15. 물질에 대해 어떤 확신을 가지고 있는가? 109
    물질을 대하는 자세에 대해 알고 싶을 때
    🏷 시험, 물질, 목적

16. '보란 듯이'의 유혹에 빠져 있는 건 아닌가? 116
    하나님을 이용하여 보란 듯이 살고 싶을 때
    🏷 축복, 증명, 영광

17. 내가 살아 있음을 느끼게 하는 영역에 하나님이 있는가, 없는가? 121
    세상 것을 통해 내가 살아 있음을 느낄 때
    🏷 목적, 우선순위

18. 올바른 목표를 가지고 기도하고 있는가? 127
    무엇인가를 얻으려는 기도만 하게 될 때
    🏷 기도, 간구, 목표

19. 나는 받을 수 있는 것을 구하고 있는가? 133
    무엇을 구해야 할지 모를 때
    🏷 간구, 응답

20. 하나님과의 화목을 위해 기도한 적이 있는가? 139
    나 잘되려고 예배할 때
    🏷 신앙생활, 화목, 섬김

Part 03
온전한 변화를 위하여

21. 내 의지가 아닌, 성령으로 열매를 맺고 있는가? 148
    내 의지로 내 모습을 변화시키기 힘들 때
    선함, 응답, 변화

22. 나는 세상과 구별되어 거룩한 자리에 있는가? 155
    거룩하게 살기가 어렵다고 느껴질 때
    거룩함, 구별, 타협

23. 내가 추구하는 '거룩'은 바리새인이 추구하는 것과 다른가? 162
    거룩의 기준을 내가 설정하게 될 때
    생활 태도, 기준

24. 내가 생각하는 거룩의 수준은 하나님이 원하시는 수준일까? 168
    내 거룩의 수준을 확인하고 싶을 때
    성취, 자만, 분별

25. 성도는 어떻게 거룩해지는가? 174
    거룩해지는 구체적인 방법을 알고 싶을 때
    행복, 회개, 행함

26. 나의 신앙 점검의 기준은 무엇인가? 181
    신앙생활을 점검하고 싶을 때
    교만, 비교, 순종

27. 거룩함, 어떻게 지킬 수 있을까? 187
    죄에 대해 예민하지 않을 때
    죄악, 회개, 거룩함

28. 여전히 나만의 우상을 숭배하고 있지는 않는가? 192
   예수 믿기 전의 삶이 그리워질 때
   🏷 우상 숭배, 회개, 영접

29. 나는 구원받은 자답게 살고 있는가? 198
   신앙인의 자부심으로 누군가를 비판하게 될 때
   🏷 정죄, 구원, 전도

30. 시험을 잘 치르는 비결은 무엇일까? 204
   사탄의 시험에 대처하는 법을 알고 싶을 때
   🏷 멸시, 시험, 합리화

Part 04
교회의 회복을 위하여

31. 나는 천국 스타일로 살고 있는가? 212
   교회에서 요구하는 것들이 부담스러울 때
   🏷 천국, 본질, 순종

32. 나는 혹시 이상한 사람이거나 나쁜 사람은 아닐까? 218
   우리 교회가 정상적인 교회인지 궁금할 때
   🏷 목회자, 신앙생활

33. 하나님의 가치관에 내 가치관을 맞추고 있는가? 225
   교회가 욕먹는 모습이 답답할 때
   🏷 인간관계, 가치관, 개혁

34. 교회의 현주소, 정직하게 진단할 수 있나? 232
    오늘날 교회의 문제를 파악하고 싶을 때
    기복 신앙, 현실 도피, 회복

35. 교회가 회복해야 할 성경적인 문화란? 239
    교회 안에서 권위를 갖고 싶을 때
    권력, 격식, 리더십

36. 올바른 목표를 설정했는가? 245
    교회의 존재 목적이 궁금할 때
    신앙생활, 성령, 진리

37. 과연 행복한 교회가 있기는 한가? 252
    교회 안에서도 행복하지 못할 때
    행복, 분쟁, 사명

38. 생명의 은혜와 돈에 대한 사랑, 여전히 공존하고 있지는 않는가? 258
    교회가 성도를 위해 무엇을 해야 할지 알고 싶을 때
    승리, 탐욕, 진리

39. 나는 남들이 볼 때 정상인가, 하나님이 볼 때 정상인가? 264
    무언가 특별하고 신령한 것이 있는 교회를 찾고 싶을 때
    영성, 목회자, 말씀

40. 나는 우리나라를 위해 기도하는가, 하나님 나라를 위해 기도하는가? 270
    우리 교회도 대세를 따라야 한다고 생각될 때
    신앙심, 애국심, 부르심

에필로그 276

프롤로그

모르면 죄짓고, 알려 주면 오해하고, 잊으면 방황하게 된다. 그래서 신앙생활이 어렵다. 바른 가르침에서 바른 실천이 나올 텐데 잘 알려는 사람도, 배우려는 사람도 많지 않다. 그러다 보니 제일 안타까운 것이 교회 안과 밖에서 오해가 많다는 것이다.

생각해 보자. 예수님은 누구에게 말씀하셨나? 성경을 아는 사람들이다. 예수님과 제일 많이 싸운 사람은 성경을 외우다시피 하고 나름 성경대로 살던 사람들이었다. 바울이 쓴 골로새서의 독자는 믿었던 사람들이었고 다시 살리심을 받은 자들이었다골 3:1. 그런데 성경에서는 그들에게 하나님의 진노가 임한다고 경고했다골 3:6. 말씀을 아는 자들이 거룩한 하늘의 사람이 되는 것을 포기할 때 진노가 임한다는 것이다. 예수님은 우리가 하늘의 사람이 되길 원하신다. 하나님의 기쁨이 되길 원하신다. 우리의 모습이 세상 사람들의 빛이 되어 그들이 우상 숭배했던 자신들의 모습에서 벗어나 하나님의 자녀가 되길 원하신다. 그래서 우리에게 말씀을 주셨다.

유대인은 말씀을 따라 메시아를 기다리고 있었으며, 제자들도 말씀의 기본이 있었다. 제자 중 일부는 이미 세례침례 요한의 가르침을 받고 있었고, 나다나엘처럼 고민하던 자들이었다. 아무것도 모르던 사람들이 아니었던 것이다. 잘 안다고 자부한 바리새인과 사두개인들에게는 "너희가 성경도, 하나님의 능력도 알지 못하는 고로 오해하였도다"마 22:29라고 말씀하셨고, 종교 지도자인 니고데모에게 "하나님이 세상을 이처럼 사랑하사 독생자를 주셨으니 이는 그를 믿는 자마다 멸망하지 않고 영생을 얻게 하려 하심이라"요 3:16는 위대한 선언을 하시기 전에 "너는 이스라엘의 선생으로서 이러한 것들을 알지 못하느냐"요 3:10라고 지적하셨다.

우리도 말씀을 제대로 알지 못할 때가 있다. 잘 알지 못하던 것에서 구원을 얻어야 하기에 우리는 때론 언쟁을 해서라도 우리 자신을 제대로 설득시켜야 한다. 말씀을 알아 나가야 한다. 그래야 다른 사람도 구원받도록 할 수 있다.

늘 위험에 직면했던 초대교회 성도들과 카타콤Catacomb, 지하 묘지에서 평생을 보낸 성도들은 어디에서 기쁨을 찾으면서 살았을까? 그것은 다름 아닌 말씀이다. 그들은 말씀을 통해서 기쁨을 누렸다. 이것이 진정 말씀의 힘이다. 그들은 당대에 들고 있던 말씀만으로도 두려움을 이겼고, 세상을 이겼다. 우리도 말씀을 잘 알면 매 순간 기쁨을 누릴 수 있다. 말씀의 주인 앞에서, 말씀을 받아 들고 "잘했다"는 평가를 받을 수 있다.

그렇다면 우리가 제대로 알지 못하고 어설프게 알기 때문에 나타나는 현상은 무엇인가. 기복 신앙을 벗어 버리지 못하고, 정죄의 삶에서 벗어나지 못한 채 자신도 힘들고, 남도 힘들게 한다. 한마디로 힘들고 재미없게 사는 것이다. 그런 사람들이(목사도 마찬가지다) 결국 교회까지 슬프고 어렵게 만든다. 분쟁의 주역이 되고, 배신의 화신이 된다.

어느 대형 교회 목사님이 세미나 중에 "예수님처럼 설교하면 3년 안에 죽을 수 있다"는 말씀을 하셨다. 다들 웃었지만 공감한다. 제대로 말해 주면 미움받는 것이 정상일지 모른다. 잘 모르면 말씀의 주인인 예수님도 배척했던 것처럼.

어설프게 아는 것을 고쳐 주기란 아무것도 모르는 것을 고치는 것보다 훨씬 힘들고 위험하다. 교회를 개척하는 것보다 기존 교회를 고치는 것이 100배 더 힘들다고 한다. 알고 싶어 하지도 않는 것을 알고 싶도록 만들어야 하기 때문이다. 사랑이 아니라면, 사명이 아니라면, 누구도 그 힘든 일을 하려 하지 않을 것이다. 오히려 성도를 이용하려 했다면 다

가르쳐 주지 않고 이용할 만큼만 알려 줄 것이다.

그러나 제대로 알려 주는 것이 불가능하지는 않다. 예수님을 통해서 제대로 아는 열한 명으로 인해 세상이 바뀌었음을 우리는 이미 보았다. 저자가 다른 신약서신을 보라. 그 정확한 지식이 서로 충돌하지 않는다. 목표와 방법과 고민하는 내용이 똑같다. 좁은 길을 걸으며 한 사람 한 사람 일꾼을 만들어 낸 믿음의 선배들의 이야기가 우리에게 희망을 주고 있다.

이 책은 반복이다.

예수님의 교육 방법은 어떠하셨나? 삶의 현장에서 반복하셨다. 정확히 아는지 물어보시고, 토론하시고 다시 자세히 설명하셨다. 변화는 그런 방법을 통해 나타난다. 그 단순한 진리가 반복될 때, 이상하게도 새로움이 넘쳐난다. 진리의 깊이를 맛보게 된다. 각 사람에게, 각 상황 속에서 살아 있는 말씀이 된다. 예수님 이후에 성령이 오신 것도 가르침을 생각나게 하고 더 가르쳐 주시기 위함이었음을 기억하자.

이 책은 읽고 토론하는 책이다.

많은 사람은 '그냥 믿으면' 된다고 생각하고, 성경을 심도 있게 바라보지 않는다. 성령 받고 방언하면 믿음의 경지에 이르는 줄 안다. 그뿐만 아니라 깊은 토론을 한 적도 별로 없다. 질문의심은 믿음 없음의 증거가 된다고 여기기 때문이다. 더욱이 다른 사람에게 가르침을 주기 위한 준비도 하지 않는다. 그건 신학교에서 목회자들이나 하는 것으로 여긴다. 그래서 가장 큰 말씀의 축복을 모두가 다 누리지 못한 채 말씀과는 다른 이상한 성도들이 되기도 하고, 그 결과 이상한 교회들이 출현하게 된 것이다.

유대인은 회당에 모여 나이에 상관없이 치열한 난상 토론을 해왔다. 이것은 배움의 방식으로, 그 집대성이 탈무드다. 물론 그들은 예수님을 받아들이지 않으려고 토론을 했으니, 토론의 방식만 참고하면 되겠다.
한국의 문화는 윗사람이 말하면 그냥 분부대로 해야 한다. 교육도 마찬가지로 대부분 주입식으로 이루어진다. 그러다 보니 유학을 가면 토론이 제일 뒤처지고, 창조적 교육에 적합하지 않게 되어 상급 학위로 갈수록 실력이 잘 나오지 않는다. 성도들도 이런 주입식에 익숙해져서 말씀을 나누거나 토론하는 것이 어려운 것은 아닐까? 더 풍성한 깨달음과 말씀의 재미에서 멀어져 있는 것은 아닐까?

이 책은 배우고 또 가르쳐 주기 위한 책이다.
우리는 평생 배워야 하고, 배움은 반복해서 듣고 토론하고 행하고 가르칠 수 있어야 완성된다. 무엇보다 가르쳐 줄 수 있을 때가 완전히 습득된 상태이다. 먼저 믿은 우리가 제대로 깨달음의 축복을 누리고, 나아가 가르칠 수 있는 사람이 되어야 한다. 아주 간단한 말씀이라 해도 말이다.

이 책을 읽는 여러분!

함께 점검하자. 도전하자. 포기하지 말자. 부담스러워하지 말자.

이 책을 읽고 있는 당신이 희망이다.

우리가 그리스도의 깨달음에 이른다면 어떤 일이 있겠는가? 천국의 상이 클까? 물론 그것도 약속되었지만, 제일 중요한 것은 하나님이 기쁘시다는 것이다. 그게 전부다. 당신은 하나님을 기쁘시게 할 수 있다. 그게 최고의 행복이다.

예한교회 담임목사 이 승 현

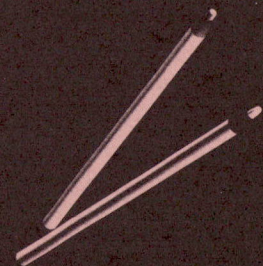

과연 어떤 사람이 지옥에 갈까?

지옥은 '하나님을 기쁘시게 할 수 있는 유일한 방법을 저버린 사람'이 가는 것이다. 그렇다면 하나님을 기쁘시게 하는 그 방법이란 대체 무엇인가? 사람이 하나님 앞에서 취해야 할 것은 단 하나다. 예수님과 온전히 하나가 되는 것이다. 그러기 위해서는 예수 안으로 들어오라는 그 말씀에 먼저 순종해야 한다. 이것이 곧 부르심에 응답하는 길이다.

Part
01

하나님과의 바른 관계를 위하여

01 내 믿음은 하나님이 인정하시는 믿음인가?

"믿음이 없이는 하나님을 기쁘시게 하지 못하나니 하나님께 나아가는 자는 반드시 그가 계신 것과 또한 그가 자기를 찾는 자들에게 상 주시는 이심을 믿어야 할지니라" 히브리서 11:6

목사님, 누군가 저에게 "하나님을 믿느냐"고 물어보면 저는 당당히 믿는다고 말할 수 있습니다. 그런데 "믿음이 있냐"고 물어보면 왠지 망설여집니다. 믿음이 있다고 당당히 말할 수가 없어요. 하나님은 믿으면서 믿음은 없는 것…… 참 모순이기는 한데 제 모습이 바로 그렇습니다. 분명히 하나님은 믿지만 문제나 고민 앞에서는 하나님이 완벽하게 해결해 주시리라는 100%의 확신이 안 생겨요. 그리고 행여 문제가 해결되지 않을 때 하나님이 원망스러워집니다. 믿음이 더 안 간다고나 할까요? 그래서 문제 앞에서는 다른 것을 의지하게 될 때가 많습니다.

혹시 내 믿음이 '지식 해결형', '이권 개입형' 믿음은 아닐까

하나님은 우리에게 믿음을 원하신다. 구원의 길이 되신 예수 그리스도를 믿고 삶 속에서 그분을 온전히 따르기를 원하신다. 그러나 오늘날 너도나도 믿음이 있다고는 하지만 다 같은 믿음이라고는 할 수 없다. 내 믿음이 과연 하나님이 인정하시는 믿음인지 함부로 장담할 수 없기 때문이다.

믿음 중에는 '지식 해결형 믿음'이 있다. 보여 줘야 믿겠다는 것이다. 그런데 이러한 태도는 이미 믿을 마음이 없는 것과 다를 바가 없다. 보여 주면 믿겠다고 하지만 이런 사람들은 정작 보여 줘도 못 믿을 가능성이 크다. 하나님에 대한 진정한 관심이 없기 때문이다. 관심이 있으면 보여 주지 않아도 다 보이는 법이다.

예를 들어 갈비탕을 좋아하는 사람이 있다고 해보자. 그 사람은 아마 어디를 가든지 갈비탕집을 찾아다닐 것이다. 우리 동네는 물론이요, 자주 가는 동네의 맛있는 갈비탕집은 죄다 꿰고 있을 것이다. 그러나 갈비탕에 관심이 없는 사람은 자신이 사는 동네에 갈비탕집이 있는지 없는지조차 잘 모를 수 있다. 어느 날 자신의 동네에 있는 갈비탕집을 보고는 '이런 집도 있었나?' 하고 갸우뚱할 것이다. 이처럼 "보여 줘야 믿겠다", "안 보여 주니 못 믿겠다"는 것은 핑계에 불과하다. 관심이 믿음의 시작이다.

또한 믿음 중에는 '이권 개입형 믿음'도 있다. 한마디로 하나님과 거래를 하겠다는 믿음이다. 이건 매우 위험한 믿음이다. 이는 하나님의 위대하심을 완전히 무시한 것이기 때문이다. 또한 이러한 사고는 하나님과 좋은 관계로 나아가기 어렵게 만든다.

사람들과의 관계에서도 좋은 관계는 거래 관계를 초월할 때에 가능해진다. 하숙집에 살면서 어렵게 공부하는 학생들의 경우를 예로 들어 보자. 감사하게도 마음 좋은 주인이 하숙비가 조금 밀려도 타박하지 않고 오히려 보살펴 주면서 자식 대하듯 끼니까지 정성껏 챙겨 준다면, 그런 대접을 받은 학생이 나중에 그 하숙집 주인을 과연 잊을까? 분명 그 학생은 사회인이 된 후에도 잊지 않고 그 하숙집을 찾아가 감사를 표할 것이다. 믿을 수 있는 사이가 된 것이다.

사람 사이의 관계에서도 이처럼 거래 관계를 뛰어넘을 때 마음을 나누는 좋은 관계가 될 수 있는 것인데, 하물며 하나님과의 관계에서는 어떻겠는가. 그렇기에 '이것 해주시면 믿겠다'는 태도는 이미 하나님과의 좋은 관계를 포기한 것이고 하나님을 함부로 여기는 것이다.

하나님이 기뻐하시는 믿음이란

오늘날 한국 교회는 지옥에 대한 메시지를 외면하고 있다. 또 어떤 사람이 지옥에 가는지에 대해 분명하게 가르치지도 않는다. 그렇다면 과연 어떤 사람이 지옥에 갈까?

살인자? 도둑? 모두 아니다. 살인자도, 도둑도 천국에 갈 수 있다. 그런 범죄를 지었다고 해서 무조건 지옥에 가는 것은 아니라는 것을 우리는 성경에서 익히 배웠다. 지옥은 '하나님을 기쁘시게 할 수 있는 유일한 방법을 저버린 사람'이 가는 곳이다. 그렇다면 하나님을 기쁘시게 하는 그 방법이란 대체 무엇인가?

하나님은 우리를 구원에 이르게 하기 위해 예수 그리스도를 보내 주셨다. 그러므로 우리가 예수 그리스도를 믿으면 기뻐하신다. 그러나 이러한 최고의 기회를 놓친 채로 우리가 지옥에 간다면 어떻게 될까? 혹시 그곳에 가서도 다시 한 번 우리에게 기회가 주어질까? 절대 그럴 리가 없다. 그곳에는 자책밖에 없다. 그때는 믿고 싶어도 믿을 수가 없다. 이미 심판주를 보았기 때문이다. 그래서 '최고의 믿음은 지옥에서 생긴다'는 말이 나온 것이다.

이제 우리는 하나님을 기쁘시게 하기 위해 믿어야 한다. 믿되 앞에서 말한 그런 믿음의 수준에서는 벗어나야만 한다. 그동안 우리가 나름대로 열심히 신앙생활을 하고 하나님을 잘 믿어 왔다고는 하지만 돌이켜 보면 '지식 해결형 믿음', '이권 개입형 믿음'을 가지고 있었는지도 모른다. 이제 우리는 오로지 말씀을 통해 믿는 자가 되어야 한다. 여기에 인간적인 사고와 계산이 개입되어서는 안 된다. 지옥 안 갈 만큼만 믿겠다는 마음도 버려야만 한다.

물론 인간 사회의 논리와 생각을 초월한 채 하나님만 온전히 믿게 되면 당장은 손해를 볼 수도 있다. 창피당할 수도 있다. 그러나 어려움에 처해 힘들고 억울하더라도 그저 하나님을 믿을 때 하나님은 우리를 인정하시고 기뻐하신다. 그럴 때 기적의 문이 열리기도 한다.

또한 놀랍게도 이런 어려움 가운데 처했을 때 오히려 진실한 믿음이 생길 수도 있다. 축복을 많이 받으면 하나님을 더 잘 믿을 것 같지만 오히려 모든 상황이 잘 풀리면 하나님을 인정하지 않는 사람이 생기곤 한다. 말씀을 지키기 위해 손해를 보고 억울한 일을 당하면서도 믿음을 지킬 때 우리는 하나님을 더욱 강하게 인정하게 되고 하나님과 더 가까운 관계로 나아가게 된다. 그리고 하나님은 그런 우리를 보며 기뻐하시게 되는 것이다히 11:6.

믿음의 적敵은 미未결정

믿음의 반대는 신을 부정하는 것이 아니라 의심하는 것이다. 그렇다면 이 의심이 나타나기 전에는 어떤 작용이 일어날까? 그것은 미결정이다. 다른 말로 하면 우유부단이다. 우리는 믿음과 우유부단 사이를 오갈 때가 너무나 많다. 말 그대로 두 마음을 품는 것이다.

지금 우리가 무엇을 하지 못하고 있다면 그것은 그 무엇인가를 하기로 결정하지 않았기 때문이다. 부분적으로는 결정하는데, 완전하게 마음을 잡지는 못한 것이다. 우리는 언제까지 이런 상태로 살아야 할까? 언제까지 결정되지 않은 믿음을 가져야 할까?

미결정의 믿음은 하나님을 슬프게 한다. 하나님을 지치게 한다. 그러므로 미해결로 두지 말고 해결해야 한다. 두 마음을 품고 갈팡질팡하는 것이 아니라 온전히 하나님을 향한 믿음을 보여 드려야 한다.

또한 이제 우리는 믿음의 수준을 높여야 한다. 우리는 흔히 믿음의 수준을 낮게 책정해 놓고 그것에 도달하면 자족한다. 마치 아기와도 같다. 이제 막 걸음마를 하는 아기는 소파 위에 힘겹게 올라간다. 그리고 소파 위에 올라가고 나면 몹시 뿌듯해하며 좋아한다. 자신이 엄청난 일을 했다고 생각하기 때문이다. 어른 입장에서 보면 사실 아무것도 아닌 일인데 말이다.

우리가 지금 아기와 같은 마음을 가지고 있는 것은 아닌지 되돌아봐야 한다. 고작 소파 위에 올라간 정도의 믿음을 가지고 있으면서 마치 커다란 성장이라도 한 듯이 안심하고 있지는 않은가? 믿음은 그 수준을 끌어올리면 올릴수록 얼마든지 위대해질 수 있다. 내 믿음의 모델로 삼을 만한 수준을 최대한 높게 잡아야 한다.

❶ 내 기도 내용 속에 '문제 해결'에 관한 것이 대부분을 차지하고 있지는 않은지 생각해 봅시다.

❷ 하나님이 당장 눈앞에 안 보인다는 이유로 눈에 보이는 가족이나 친구, 혹은 직장 상사를 더 의지하지는 않는지 생각해 봅시다.

하나님, 그동안 저는 하나님을 믿는다고 하면서도 마음의 온전한 결정을 내리지 못했습니다. 그냥 부분적으로만 결정하며 하나님을 어설프게 따랐습니다. 그런 제 모습을 보고 하나님께서 얼마나 마음 아파하실지 알았습니다. 앞으로 온전한 믿음을 위해 하나님을 향한 마음의 결정을 내리겠습니다. 그리고 더는 하나님과 거래하거나 증거를 요구하지 않겠습니다. 하나님, 이 시간 더 높은 믿음의 수준을 향해 나아가도록 결단합니다.

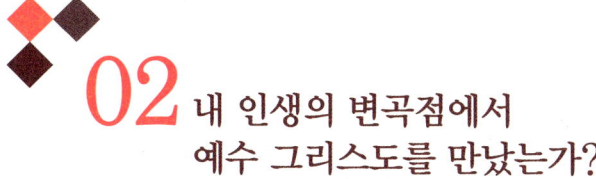

02 내 인생의 변곡점에서 예수 그리스도를 만났는가?

"하늘로부터 소리가 있어 말씀하시되 이는 내 사랑하는 아들이요 내 기뻐하는 자라 하시니라" 마태복음 3:17

목사님, 저는 요즘 들어 세상을 바라볼 때마다 답답합니다. 다들 너무 이기적이기 때문입니다. 국민을 위한다는 국가마저도 정말 국민을 위해 존재하는 것이 맞는지 의심이 됩니다. 게다가 요즘 왜 이렇게 사건 사고는 잦은지, 정말 사는 게 우울합니다. 제 모습만 봐도 그렇습니다. 뭔가 잘하고 싶은데 일은 잘 안 풀립니다. 이렇게 못난 제 모습을 하나님은 어떻게 바라보실지 걱정될 때도 있습니다. 무능하고, 무기력하게 방구석에서 한숨만 쉬는 제 모습을 보며 얼마나 답답해하실까요? 세상을 봐도 한숨, 나를 봐도 한숨, 그저 한숨뿐입니다. 예수님만이 나의 희망이라고 고백하고 찬양도 하지만 그게 말뿐이지, 정말 예수님이 나의 희망이 된다는 것이 잘 믿어지지 않습니다. 앞으로 어떻게 살아야 행복할지 걱정입니다. 아니, 행복할 수 있다는 기대조차도 없습니다.

죄인에게 선한 것

요즘 세상을 바라보면 한숨만 나온다. 사람들은 여전히 강퍅하고, 좋은 의미로 만들어진 공동체마저도 이런저런 죄를 지으며 사람들에게 상처를 준다. 국가 전체도 실망스럽기는 마찬가지다. 꿈이 있고 희망이 있다고는 하는데, 자세히 들여다보면 야망과 욕심만 가득하다.

분명히 하나님은 이 세상을 보시기에 심히 좋은 것창 1:31으로 창조하셨는데 우리가 바라보고 있는 세상은 왜 이리도 보기 흉하고 참혹한 것들로만 가득할까? 그런데 곰곰이 생각해 보면 지금 우리가 탄식하며 바라보는 것들은 우리의 잘못으로 인한 것임을 부인할 수 없다. 하나님은 심히 좋은 것들로 세상을 만드셨지만 우리가 이렇게 망가뜨렸다. 나쁜 것들을 만들어 냈고 지금도 주저함 없이 꾸준히 만들어 가고 있다.

그렇다면 우리는 왜 아름다운 세상을 이렇게 만들어 놓은 것일까? 대체 우리 안에 어떤 문제가 있는 것일까? 이 모든 것의 시작은 '하나님이 보시기에 좋은 것'에 대한 무관심과 무지에서 비롯된다. 우리는 하나님에 대해 무관심했고 무지했으며, 나 자신을 아름답게 하고 영화롭게 하는 것에만 관심을 가졌다. 즉 죄인의 틀 위에 선한 것을 세웠고 끊임없이 추구해 왔다. 입신양명을 인생의 목표로 삼았고 금전적 이익을 삶의 기쁨으로 삼았다. 후손의 이익을 돕기 위한 삶을 살기도 하고 사상, 철학, 인맥 등에 심취되어 결국 자신이 하나님이 지으신 피조물이라는 사실은 완전히 망각한 채 그저 특별한 사람으로만 살고자 했다. 오로지 자신이 기뻐할 만한 것만 바라고 추구해 왔다. 이것이 우리의 모습이며 또한 죄인의 모습이다. 세상은 이러한 모습을 칭찬하지만 성경은 정죄한다.

인생의 변곡점, 예수 그리스도와의 만남

하나님이 지으신 피조물이라는 사실을 잊고 살아가는 사람에게 하나님은 인생의 변곡점을 주신다. 노력해도 안 되는 일, 망하는 일, 병드는 일, 생명이 왔다 갔다 하는 일, 빼앗기는 일을 만나게 하신다. 잘 알겠지만 이런 고난의 사건은 다시 시작할 계기를 마련해 준다.

인생의 올바른 변곡점이란, 하나님이 보시기에 좋은 것을 나 자신이 보기에도 좋게 되는 사건이다. 고난이 유익이 된 유일한 경우라고 할 수 있다. 이로써 우리는 그동안의 오만함에서 벗어나 피조물로서의 시각을 갖게 된다. 이전까지 하나님을 나를 돕는 도구로 여겼다면 이제는 내가 하나님의 일을 돕는 피조물로 이해하게 되는 것이다. 그렇게 자신을 피조물로 바라보는 순간 우리 인생은 새 시대로 들어서게 된다. 인생이 새롭게 바뀌는 변곡점에 서 계신 분이 바로 예수님이시며, 하나님이신 예수님이 새 시대에서 죄인인 인간을 만나 주시는 것이다. 그러므로 올바른 변화의 최고 정점은 예수 그리스도를 만난 것이며, 우리는 그때서야 비로소 기뻐할 만한 이유를 얻게 된다. 또한 그 만남을 통해서라야 하나님으로부터 기뻐하심을 입게 된다. 하나님이 가장 기뻐하신 사람은 사람으로 이 세상에 오신 예수 그리스도며 마 3:17 우리가 그 안에 있을 때 우리 역시 함께 기뻐하심을 입게 된다.

그렇다면 하나님은 왜 예수님을 기뻐하셨을까? 예수님은 하늘 아버지의 말씀에 순종하여 하늘 영광을 버리고 인간이 되셨다. 죽음이 있는 모습으로 오신 것이다. 예수님은 자진해서 죄인을 위한 대속의 길로, 죽음의 길로 가셨고 이로써 결국 사명을 감당하는 순종을 보이셨다. 하나님은 이렇게 제대로 순종하는 예수님을 기뻐하신 것이다.

무엇으로 하나님의 기뻐하심을 입을까?

사람이 하나님 앞에서 취해야 할 것은 단 하나다. 예수님과 온전히 하나가 되는 것이다. 그러기 위해서는 예수 안으로 들어오라는 그 말씀에 먼저 순종해야 한다. 이것이 곧 부르심에 응답하는 길이다. 우리는 가끔 우리가 위대한 일을 성취하거나 자랑스러운 일을 했을 때 "하나님께 영광 돌린다"고 간증하는 것이 하나님을 기쁘시게 하는 것이라고 생각한다. 그러나 핵심은 그것이 아니다. 예수 그리스도 안에 있는 것보다 하나님을 기쁘시게 할 수 있는 것은 없다.

예수 안에 거하는 것이 자식을 잘 키우는 것보다, 후손에게 재산을 많이 남기는 것보다, 친구들 보란 듯이 성공하는 것보다, 가정을 평안하게 지키는 것보다 중요한 일이다. 우리는 우리가 생각하는 성공의 요소들이 매우 중요한 것이라고 여기지만 정작 하늘로 올라가면 우리가 이루려고 몸부림쳤던 것들은 하나도 없다. 경제적, 정치적 체제가 다르고 결혼도 없으며 자식도 없다. 하나님의 영광과 그것을 위해 살았던 사람들의 공적만 남으며 그것만이 온전할 뿐이다고전 3:10-15.

누군가는 하늘에서야 그렇겠지만 이 세상에서는 나름의 성공 요소가 있지 않겠느냐고 할 수 있다. 그러나 세상에는 온전히 기쁜 것이란 없다. 모든 것은 슬픔을 동반한다. 크게 성공하면 시기와 질투로 인한 공격이 슬프고, 지킬 것이 슬프다. 건강하면 급사하게 될까 봐 슬프고, 혹은 나중에 쉽게 죽지 못해 고생할 것이 슬프다. 재산이 많으면 자손들이 패망하게 되는 것이 슬프다. 유명해지면 유명세가 언제 사라질지 몰라 슬프고, 그래서 금메달을 따도 슬프다. 그렇기에 예수님 안이 아닌 밖에서 성공만 노리고 있는 우리를 보시면서 하나님은 늘 슬퍼하신다.

하나님의 기뻐하심을 입을 수 있는 유일한 방법은 인간의 어떤 행위가 아니라 예수님 안에 거하는 우리의 모습에 있다. 우리가 할 수 있는 노력이란 우리 같은 사람에게 예수님이 임하셔서 우리로 하여금 예수님과 같아질 기회와 이유를 주셨다는 것에 진심으로 기뻐하고 반응하는 것이다.

사람들이 착각하는 것 중의 하나가 하나님의 일을 잘하면 그 결과로 이 땅에서도 성공할 수 있다는 것이다. 그런데 여기서 한 가지만 묻자. '그 결과'란 것이 무엇인가? 나의 영광 아닌가? 이것은 결국 자신을 겸하여 섬기겠다는 것이다. 우리는 혼동하지 말아야 한다. 또한 명심해야 한다. 이러한 생각에서 죄가 싹튼다는 것을.

❶ 내가 어떤 것을 이루어야만 하나님께 영광이 될 것이라고 착각하고 있지는 않았는지, 하나님의 기쁨이 되는 방법을 어떤 식으로 오해하고 있었는지 구체적으로 이야기해 봅시다.

❷ "예수님 안에 거하는 것이 참된 희망이다", "예수님만이 참된 행복이고 기쁨이다"라는 말을 들었을 때 나는 속으로 어떻게 생각했는지 기억해 봅시다. 진심으로 동의했는지, 겉으로만 인정하고 속으로는 다르게 생각하지 않았는지 돌아봅시다.

하나님, 저는 그동안 하나님께 영광이 되는 삶, 기쁨이 되는 삶에 대해 엄청난 오해를 하며 살았습니다. 성공을 해야만 하나님께 기쁨을 드릴 수 있을 거라고 생각했던 것입니다. 부모가 성공한 자녀만 사랑하는 것이 아니듯 하나님도 성공 여부로 우리를 평가하시는 것이 아닌데, 저는 완전히 착각하고 있었습니다. 그마저도 세상적인 성공, 부질없는 성공에만 목숨을 걸었습니다. 이제 하나님 앞에 저의 욕심을 다 내려놓고 하나님의 기쁨이 되기 위해 살겠습니다. 하나님께서 열어 놓으신 유일한 방법인, 예수 그리스도 안에 거함으로써 하나님을 영화롭게 해드리고 저 자신도 참된 평안과 행복 안에 거하겠습니다.

03 과연 하나님의 계산법대로 계산했는가?

"내 것을 가지고 내 뜻대로 할 것이 아니냐 내가 선하므로 네가 악하게 보느냐 이와 같이 나중 된 자로서 먼저 되고 먼저 된 자로서 나중 되리라" 마태복음 20:15-16

목사님, 저는 공정한 것을 좋아하고 행한 대로 받아야 한다고 생각합니다. 그런데 얼마 전에 교회에서 소그룹 훈련을 마감하면서 시상식을 했는데 한 성도가 활동도 열심히 하고 숙제도 잘한 저와 똑같은 상을 받았습니다. 사실 그 성도는 빠진 적도 많았고 숙제도 건성으로 했거든요. 저는 정말 이런 불공평함이 싫습니다. 그런데 솔직히 살다 보면 하나님도 불공평할 때가 있는 것 같습니다. 분명히 내가 더 열심히 신앙생활을 했는데, 복은 다른 사람이 더 많이 받습니다. 도저히 이해가 안 됩니다. 하나님이 원망스럽기까지 합니다. 나도 그냥 막살아 볼까 하는 생각이 들 정도입니다. 때로는 이런 제 모습이 철없게 여겨지기도 하지만, 그래도 저는 공정하고 공평해야 한다고 생각합니다. 적어도 하나님은 더욱 그러셔야 한다고 생각합니다.

하나님이 불공평하다고 말하는 우리

하나님은 알아 가면 알아 갈수록 경외심을 갖고 사랑할 수밖에 없는 분이시다. '역시 사람과는 다르시구나' 하면서 우러러볼 수밖에 없게 된다. 그런데 뜻밖에 많은 성도가 하나님을 사랑하지 못하게 되기도 하는데, 그 이유 중 하나가 바로 하나님이 불공정하다고 생각하기 때문이다. 무엇보다도 자기 자신에게 불공정하다고 생각하기에 하나님을 사랑하지 못한다. '왜 남들이 건강이나 재물, 성공의 기회 같은 것들을 나보다 더 많이 가졌을까?', '왜 악한 사람들이 나보다 더 많은 것을 누리며 살까?', '분명히 내가 더 열심히 한 것 같은데 왜 나보다 저 사람을 더 많이 도와주실까?', '똑같이 열심히 했는데 왜 내가 더 못 받고 있을까?' 이런 생각들 때문에 하나님은 자신에게 공평하지 않다고 말하곤 한다.

그런데 이런 판단은 모두 자기 자신이 '받은 것'을 기준으로 생각한 것이라는 점을 알아야 한다. 자기 자신이 '더 받은 것'은 생각하지 못하고 '덜 받은 것'만 생각하면서 그것을 마음속에 깊이 담아 놓은 채 하나님을 원망하고 있는 것이다. 그렇게 한쪽으로는 하나님을 찬양하면서 다른 한쪽으로는 원망한다. 이는 곧 두 마음을 품는 것이다. 이런 두 마음을 가지고는 하나님을 사랑하며 살아갈 수 없다. 하나님도 이러한 두 마음을 싫어하신다. 한 마음은 반드시 정리해야만 한다.

마태복음 20장에도 이와 비슷한 마음을 가진 일꾼이 등장한다. 포도원 주인은 일꾼들을 불러와 일을 마치면 한 데나리온씩 주기로 약속했다. 그런데 한 일꾼이 더 일찍 와서 일한 자신과 나중에 와서 조금 일한 다른 일꾼이 똑같은 삯을 받자 포도원 주인을 원망했다. 포도원 주인이 그 일꾼을 어떻게 생각하고 있는지 분명하게 나타나지는 않았지만 적어도 그 일꾼과 포도원 주인의 관계는 좋지 않게 되었을 것이다. 우리 같으면 그런 일꾼을 그다음 날 다시 포도원으로 일하러 오라고 하지도 않았을 것이다. 여기서 포도원 주인은 하나님을 비유하는데, 하나님과 우리의 관계도 마찬가지다. 하나님께 이런 마음을 품으면 하나님은 우리에 대해 실망하시고, 우리는 하나님께 내일 다시 쓰임 받을 수 있을지를 기약할 수 없게 된다.

약속을 지키시되 은혜도 베푸시는 하나님

세상에서도 일한 만큼 받는 것을 추구하기는 하지만 그런 경제 논리가 통하지 않는 게 또 현실이다. 직장에서도 직원들은 초과 근무를 했는데 그에 따르는 추가 급여를 받지 못했다며 불공평하다고 말한다. 그러나 그들은 막상 업무 시간 내에 딴짓한 것들에 대해서는 생각하지 않는다. 공평하게 계산하기 위해 자신이 딴짓한 시간은 빼고 계산하겠다는 사람은 거의 없다. 세상에서는 정확한 계산이 어렵다.

그런데 하늘에서는 정확하게 평가된다. 하나님은 마음속에 있는 것까지 다 아시기 때문에 일한 만큼 그대로 주신다. 그렇다고 정확하게 평가된다고 해서 엄격하기만 한 것은 아니다. 오히려 부족한 사람들을 품어 주는 시스템도 있다.

앞에서 말한 포도원 주인은 매우 정확한 사람이었다. 주인은 더 많은 사람이 삯을 받아 갈 수 있도록 하기 위해 장터에서 놀고 있는 사람들을 많이 데리고 왔고, 날이 저물자 그들에게 모두 약속한 대로 한 데나리온씩을 나누어 주었다. 약속대로 받을 수 있다는 것은 정의로운 일이고 기쁜 일이다. 오늘날 세상에서 약속대로 못 받는 경우가 얼마나 많은가? 이렇게 약속대로만 잘 받아도 계속 일하고 싶어질 것이다. 심지어 이 포도원 주인은 몸이 안 좋거나 다른 사정이 생겨 일을 잘 못한 경우 등 일꾼의 상황을 생각해 삭감하지 않고 약속대로 한 데나리온을 주었다. 놀라운 은혜를 베풀어 준 것이다. 이처럼 하나님은 약속도 잘 지키시지만 어떤 상황에서는 더 베풀어 주시는 좋으신 분이다.

하나님의 계산법 배우기

그런데 누군가는 왜 저 사람에게 저런 혜택을 주느냐며 못마땅하게 생각하기도 한다. 그러나 우리도 언젠가는 저런 상황에 부닥칠 수 있음을 알아야 한다. 인간의 일은 아무도 모른다. 만약 내가 힘든 사정이 생기거나 몸이 좋지 않을 때, 그때에도 평소에 약속한 대로 삯을 받았다면 어떠했을까? 그뿐만 아니라 한 시간밖에 일하지 못했는데도 한 데나리온을 받았다면마 20:12 우리는 과연 그때도 지금처럼 불평할 수 있을까? 아마도 그 주인을 가리켜 정말 좋은 주인이라고 입이 닳도록 칭찬했을 것이다. 이처럼 상대가 수혜자라는 측면에서 보면 못마땅해 보여도, 정작 내가 수혜자가 되면 생각이 달라지는 게 사람의 마음이다.

그래서 우리는 단면만 보고 계산해서는 안 된다. 그러면 하나님과의 관계가 틀어지게 되기 때문이다. 먼저 된 자에서 나중 된 자로 전락하게 된다. 우리는 하나님과 계산법이 같아져야 한다. 즉 자기 기준에서 판단하지 말고 하나님의 입장에서 판단해야 한다. 그때 하나님과의 오해가 풀린다.

또한 우리는 우리가 원하는 대로 받기를 원하지만 그것이 오히려 우리에게는 해가 될 수 있음을 알아야 한다. 가령 우리가 원하는 이상형의 배우자를 하나님께서 그대로 만나게 해주신다면 우리는 과연 행복할까? 원하는 대로 되었는데 내가 생각지 못한 부분 때문에 힘들어질 수 있다. 특히 내가 기도했던 그 부분이 오히려 나를 더 힘들게 할 수도 있다. 만약에 하나님이 우리가 구한 대로만 들어주신다면, 우리가 미처 생각하지 못해 구하지 못한 부분은 어떻게 될까? 그러므로 우리에게는 우리 생각을 초월한 플러스알파가 필요하다. 이것을 하나님께 맡기는 것이 '믿음'이고 그에 따라오는 것이 '평안'이다.

이제 하나님의 계산법대로 바라보자. 내 기준에서의 사고와 계산은 무의미하다. 하나님의 방법대로 생각하면 하나님의 놀라우신 은혜를 발견하게 되고 하나님을 사랑하지 않을 수가 없다. 원망하려야 원망할 수가 없게 된다. 감사가 넘치게 된다.

❶ 주로 어떤 경우에 하나님이 불공평하고 불공정하다고 생각했는지, 내가 착각한 부분들을 떠올려 봅시다.

❷ 삶 전체에서 내가 한 만큼 받지 못했다고 생각되는 부분 대신, 내가 덜 했는데 더 많이 받았다고 생각되는 부분 세 가지를 생각해 봅시다.

하나님, 저는 그동안 하나님의 기준에서 생각하는 법을 몰랐습니다. 그저 지금 제가 판단하고 기준으로 삼은 대로만 생각했습니다. 그래서 하나님이 가지고 계신 계획과 뜻도 모른 채 불평하고 불만을 품기 일쑤였습니다. 저는 제가 온 힘을 다해 살아오고 신앙생활도 열심히 했는데 그에 따른 복을 받지 못하고 있다고 여겼습니다. 계속해서 남들과 비교하면서 말입니다. 그러나 지금 돌아보니 제가 받은 은혜가 정말로 엄청나다는 것을 알게 되었습니다. 만약 제가 살면서 잘못하고 실수했던 부분에 보응을 다 받았다면 저는 지금 이루 말할 수 없는 어려움 속에서 살고 있을 것입니다. 이제 하나님께서 하나님의 방식으로 저를 사랑하신다는 것을 확실히 믿고 나아가겠습니다. 하나님께서 베푸신 것은 다 옳은 것임을 믿고 하나님의 계산법대로 계산하며 살겠습니다.

04 무엇으로 하나님을 기쁘시게 할 수 있을까?

"이에 예수께서 말씀하시되 사탄아 물러가라 기록되었으되 주 너의 하나님께 경배하고 다만 그를 섬기라 하였느니라 이에 마귀는 예수를 떠나고 천사들이 나아와서 수종드니라" 마태복음 4:10-11

목사님, 사실 저는 세상에서 별 볼 일 없는 사람이었습니다. 그런데 교회에 다니면서 기분 좋은 일들을 자주 경험하게 되었습니다. 대표적인 것이 평생 한 번도 못 해봤던 리더를 맡게 된 것입니다. 리더라고 다들 저를 믿고 따르는 게 정말 좋았고, 이런저런 일도 지시하고 관리하는 것이 참 신나기도 합니다. 솔직히 교회에서나 이런 일 해보지, 제가 어디 가서 이런 활동을 하겠습니까? 그래서 그런지 욕심이 더 생깁니다. 더 큰 자리를 차지하고 싶은 것입니다. 모임 회장 자리, 선교회 회장 자리 등 그 자리에 가면 하나님을 위해서 더 열심히 신앙생활을 할 수 있을 것만 같아요. 더 솔직히 말해서 다른 성도가 그 자리에 앉게 될까 봐 마음이 심란하기도 합니다. 제가 꼭 그 자리에 가고 싶은데 어떡해야 할지 모르겠습니다. 그런데 한편으로는 이런 마음을 갖는 것이 욕심은 아닌지 슬쩍 걱정되기도 합니다.

잘못된 목표에 잘못된 과정을 더하는 사탄

사탄은 예수님을 높은 산꼭대기로 데려갔다. 그러고는 세상을 보여 주면서 자기에게 경배하면 이 모든 것을 주겠다고 제안했다. 사탄의 제안은 우리에게도 그대로 적용된다. 사탄은 우리에게 궁극적인 삶의 목표를 물으며 시험한다. 잘 먹고 잘사는 게 다가 아니겠느냐고 묻는다. 혹은 신기한 능력을 보여 주며 추앙받는 것이 다가 아니겠느냐고 묻는다. 또한 권력과 힘에 대한 추구도 중요하지 않느냐고 묻는다.

그런데 이 시험에는 삶의 목표만 잘못된 것이 아니라 목표를 이루기 위한 과정도 잘못되어 있다. 사탄은 예수님에게 하나님의 자리를 빼앗으라는 목표를 제시하는 것에서 그치지 않는다. 사탄이 제시한 것에는 불순종이라는 과정이 수반되어 있다. 이런 공격은 에덴에서도 나타난다. 당시 뱀은 하와에게 선악과를 먹기만 하면 하나님처럼 될 것이라고 했다. 그런데 이것은 이 두 가지를 한꺼번에 시험하는 것이었다. 에덴을 완전히 소유하고 하나님처럼 되려는 잘못된 목표와 함께 불순종이라는 잘못된 과정을 함께 유도하고 있는 것이다.

오늘날 우리도 같은 시험 앞에 놓여 있다. 하나님의 명령을 따르지만 결국 칭찬받지 못하도록 만든다. 교회적으로는 복음을 전한다는 목표를 세우긴 했지만 인간적인 생각으로 교회가 커야 복음도 잘 전할 수 있다는 잘못된 과정을 추구하도록 하는 경우가 있다. 개인적으로 보면 어떤 성도는 교회에 다니면서 하나님을 섬기긴 하는데 그 과정에서 지체들이나 가족들에게 상처를 주기도 한다. 목표는 이해가 가는데 방법이 이상하다.

그러나 예수님은 어떠셨는가? 예수님은 세상을 정복하려는 목표가 없으셨다. 예수님에게는 하나님에 대한 사랑만 있을 뿐이었다. 과정 역시 하나님의 뜻대로만 이루고자 하셨다. 하나님의 뜻을 이루는 게 목표였던 예수님의 사역에는 사탄의 어두운 방법이 하나도 들어 있지 않았다. 오히려 배신당하고 목숨까지 내어놓으셨다. 왕으로 오신 분으로서 군대를 동원하여 힘을 보여 주실 수도 있었지만 그런 방법은 아예 사용하지 않으셨다. 우리도 이처럼 목표와 더불어 과정까지 모두가 바르게 가야 한다. 어느 하나라도 하나님과 어긋나서는 안 된다. 우리가 품는 궁극적인 목적이, 그리고 그 안에서의 모든 과정이 예수님이 보여 주신 모습과 같아져야 한다. 이래서 성도에게 리더십이란 중요한 문제가 되는 것이다.

사탄의 세 가지 시험

예수님께 찾아온 사탄의 세 가지 시험은 두 가지의 공통점을 가지고 있다.

첫째는 전부 쉽게 얻을 수 있다는 것이다. 작은 노력으로, 작은 배신으로, 눈 한번 질끈 감으면 쉽게 얻을 수 있는 것들이었다. 이때 무슨 짓을 해서든 자기가 잘되고자 하는 탐심의 사람은, 다시 말해 경제 논리를 가지고 섬기는 이들은 다 넘어간다.

둘째는 모두 힘에 관한 것들이라는 사실이다. 밥도 힘이고, 능력도 힘이고, 세상을 얻는 것도 힘에 관련된 것이다. 사탄은 이런 힘을 드러냄으로써 너 자신을 멋있게 증명해 보라고 한다. 하나님의 힘을 빌려서 네가 얼마나 잘났는지 보여 주라고 한다. 하나님을 적당히 이용해서라도 그렇게 하라고 한다. 이때 자신의 마음 깊은 곳에 자신의 영광을 먼저 생각하는 사람은 다 넘어간다.

미국 교계에서 21세기에 가장 영향력 있는 목회자로 꼽히는 존 맥아더John Fullerton MacArthur Jr. 목사가 한국 교회를 보고 내린 진단도 이와 관련이 있다. 그는 한국 교회가 갑자기 커지면서 사회에 강한 영향력을 미쳤는데, 그 결과 기독교의 가치가 내부적, 사회적으로 제대로 정착되기도 전에 힘과 권위만 갖게 되었다고 했다. 그리고 그런 불안한 상태에서 한국 교회는 포스트모더니즘postmodernism의 급격한 물결에 휩쓸리며 본질을 잃어 갔다고 했다.

실제로 교회는 그 와중에 욕심을 채울 것이 많은 공간이 되어 버렸고 인정받는 것이 즐거운 공간이 되어 버렸다. 한마디로 교회가 힘을 갖는 것을 멋있고 참된 것으로 여기게 된 것이다. 그렇게 성도들은 힘을 소유하라는 사탄의 시험을 이기지 못했고, 이러한 성도들의 개개인의 모습이 교회 전체의 모습이 되었다.

주님의 기쁨이 되겠다고 모인 우리지만, 우리는 사탄의 세 가지 시험에 여전히 걸려 있는 것이다. 간편하고 단순하게 구조화된 신앙생활을 하면서 적당히 만족을 얻으며 살려고 한다. 교회를 자신이 얼마나 괜찮은 사람인지 증명하는 모임 장소로 사용하려고 한다. 신앙생활을 잘해서 그 결과로 부자가 되었다고 말하고 싶어 하고, 나도 나름대로 주님의 일꾼이라고 한마디 하고 싶어 한다.

 예수님이 자신을 시험하는 사탄에게 마지막으로 하신 "주 너의 하나님만 경배하고 섬기라"마 4:10는 말씀을 분명히 상기하자. 하나님께 기쁨이 되셨던 예수님이 하신 그 선언을 기억하자. 예수님은 하나님의 기쁨이 되기 위해 자신이 제물이 되는 것까지도 감수하셨다. 또한 예수님은 하나님의 뜻만을 이루려 하셨다. 잘 먹고 잘사는 길, 유명해지는 길, 세상을 얻는 길에는 관심이 없으셨다. 이제 예수님의 그 선언을 허망하게 하지 말자. 목표와 방법 두 가지는 늘 점검되어야 한다.

마음 들여다보기

❶ 결과만 좋으면 된다는 생각으로 일을 진행하는 과정 중에 누군가에게 상처를 주지는 않았는지 돌아봅시다.

❷ 교회에서 권력을 갖는 것에 관심을 두어, 직분이나 책임을 맡지 못했을 때 속상해하면서 시험 든 적은 없는지 돌아봅시다.

하나님만 바라보기

하나님, 저는 그동안 교회 안에서 직분을 얻거나 리더 역할을 맡는 것에만 흥미를 갖곤 했습니다. 그것을 통해 하나님께 더욱 충성하는 것이 목표가 되어야 하는데, 그 일을 빌미로 일종의 권력욕을 충족시키려고만 했습니다. 심지어 그 가운데서 다른 지체를 시기하고 질투하기도 했습니다. 또한 다른 공동체 일원들에게 이런저런 상처를 주기도 했습니다. 이제 겸손함으로 하나님의 뜻만을 따르셨던 예수님처럼 하나님만을 섬기고 경배하는 겸손한 종이 되겠습니다. 그리고 이런 목표를 향해 나아가는 과정 가운데서도 온전히 하나님만 나타나게 하겠습니다.

05 하나님의 뜻을 잊었거나 무시했거나 대체하지는 않았는가?

"여호와께서 다만 너희를 사랑하심으로 말미암아, 또는 너희의 조상들에게 하신 맹세를 지키려 하심으로 말미암아 자기의 권능의 손으로 너희를 인도하여 내시되 너희를 그 종 되었던 집에서 애굽 왕 바로의 손에서 속량하셨나니" 신명기 7:8

목사님, 저는 뜻을 정할 때 그동안 제 경험에 근거하는 편입니다. 그것이 가장 정확한 데이터라 여겨집니다. 그리고 변수를 대비하여 그동안 제가 나름 멘토로 삼았던 분들의 말씀을 떠올려 보기도 합니다. 그분들의 말씀에는 귀감이 될 만한 것이 많으니까요. 그런데 이상하게도 그럴 때마다 무언가 일이 꼬이고 잘못될 때가 많았습니다. 분명히 경험적으로 보았을 때 그렇게 하는 것이 정확할 것이라고 생각했는데 예상치 못한 변수가 생기는 것입니다. 누군가는 기도로 하나님의 뜻을 구하라고 합니다. 그런데 하나님의 뜻을 구하고 싶지만 하나님의 뜻이라고 해도 뭐 특별한 게 없을 것 같습니다. 현재의 문제 해결에 별 도움이 되지 않을 것 같다고나 할까요? 그리고 솔직히 하나님의 뜻대로 하면 저에게 괜히 손해가 될 것이 많을 것만 같습니다.

계속해서 혼쭐나는 이스라엘의 모습

이스라엘 백성의 역사를 보면 반복적으로 시련을 당하는 모습이 나타난다. 세 번 정도 부자 나라로서 영화를 누린 적이 있기는 하지만 그 외에는 근근이 살아왔고 내리막길을 걷곤 했다. 그 가운데서 하나님의 징계는 여러 차례 이어졌다.

그렇다면 왜 하나님의 백성이 하나님께서 주신 시련을 당할까? 이런 질문을 해보는 것은 매우 중요하다. 사람들은 간혹 하나님의 징계를 억울해하며 차라리 마음대로 사는 것이 더 낫지 않겠느냐고 말한다. 또한 좋으신 하나님이 왜 우리를 이렇게 징계하시는지, 왜 내가 이렇게 매를 맞아야 하는지 의문을 제기하기도 한다. 그러므로 원망과 이의를 제기하기 전에 이유를 분명히 파악해야 한다.

그들이 하나님께서 주신 시련을 당해야 했던 이유는 그들의 행동이 하나님을 힘드시게 하는 것이었기 때문이다. 그들은 하나님의 목전에서 악을 범했다. 그 악은 첫째, 우상 숭배이다. 그들은 다른 신만 섬기기도 했고, 하나님과 다른 신을 함께 섬기기도 했다. 그렇게 하나님만으로 만족하지 못하고 땅과 자신에게서 행복의 근원을 찾으려고 했다.

둘째, 그들은 정의와 공의를 행하지 않는 악을 범했다. 이것은 우상 숭배자에게 따라오는 자연스러운 결과이기도 하다. 하나님을 온전히 섬기지 않으면 이렇게 살 수밖에 없다. 이 두 가지는 선지자들이 늘 지적했던 문제였다.

그렇다면 이 두 가지 악이 생겨난 이유는 무엇일까? 그것은 그들이 하나님의 뜻, 곧 약속을 잊어버렸기 때문이다. 그런데 여기서 말하는 약속은 구체적으로 보면 하나님의 '목표와 방법'을 말한다. 하나님이 이스라엘 백성에게 주신 목표는 이스라엘 백성이 제사장 나라가 되고 거룩한 백성이 되는 것이었다. 그리고 그 방법은 순종이었다출 19:5-6. 그러므로 이스라엘 백성이 유난히 책망을 받고 혼쭐이 났던 것은 그들에게는 약속에 대한 책임이 있었기 때문이다. 단순히 악을 행한 것만 따진다면 다른 이방 족속도 마찬가지일 것이다. 아니, 오히려 더 심했을 것이다. 그러나 이방 족속과 달리 이스라엘 백성은 택함을 받았을 뿐만 아니라 주의 사랑과 명령을 받아 영광스러운 언약 가운데 거했기에신 7:6-11 그 악이 더 문제가 될 수밖에 없었다. 그래서 목표와 방법이 틀렸던 이스라엘은 하나님의 선한 뜻에 따라 부르심을 받았음에도 매를 맞을 수밖에 없었다. 하나님은 뜻이 어그러지고 있는 상황을 그대로 두고 보실 수만은 없으셨다.

선조들을 그대로 닮아 가는 우리

우리는 지금 이스라엘의 모습을 그대로 답습하고 있는지도 모른다. 우리는 교회 다니는 것만으로 뜻을 이루었다고 생각한다. 좋은 마음을 품고 있으니 하나님의 일에 잘 참여하고 있다고 생각한다. 심지어 거의 다 이루었다고 생각하기도 한다. 그래서 발전과 변화를 멈춘다. 그러나 진정한 하나님의 일이란 뚜렷한 부르심이나 정신 그리고 용기가 필요하다. 그런데 과연 우리는 교회에 나오면서 뚜렷한 부르심을 가지고 나오는가? 주의 일에 흥분됨이 있는가? 혹시 자신의 선택으로 나오는 것은 아닌가?

안타깝게도 우리는 뜻을 정하는 것에서부터 어그러질 때가 있다. 마치 이스라엘 백성이 목표를 잘못 세운 것과도 같다. 우리가 목표를 잘못 세우는 이유는 세상의 가르침을 따르려 하기 때문이다. 안타깝게도 세상은 옳은 뜻이 무엇인지 제대로 가르쳐 주지 않는다. 아니, 가르쳐 줄 수가 없다. 가끔 숭고한 뜻을 가진 사람이 나오기도 하지만 오히려 이 세상은 그런 사람을 이용하거나 멸시할 뿐 좋은 뜻을 펼칠 수 있게 해주지도, 책임져 주지도 않는다. 그 숭고한 뜻도 땅에 국한된 것이 대부분이다.

또한 우리는 스스로 뜻을 세워 보려고 할 때가 있다. 그러나 혼자 힘으로 뜻을 제대로 세우기란 어렵다. 무엇보다 혼자 세운 뜻이 옳지 않을 때도 있고, 뜻을 잘못 세우면 아무리 기도를 많이 하고 금식을 해도 문제가 생긴다. 그토록 열심히 행하고도 버림받은 이스라엘 백성처럼 말이다.

그러므로 우리는 먼저 하나님의 뜻을 이해하고, 그런 다음에 우리에게 맡겨 주신 일을 행해야 한다. 예수님이 가르쳐 주신 주기도문에도 이 내용이 잘 나타나 있다. 예수님은 "하나님 아버지의 뜻이 하늘에서 이루어진 것 같이 이 땅에 이루어지도록"마 6:10 기도할 것을 가르쳐 주셨다. 그처럼 하나님의 뜻은 기본 토대이다. 만약 하나님의 뜻이 무엇인지도 모르고 기도한다면 그 기도는 헛소리가 될 뿐이다.

하나님의 뜻을 받드는 것부터가 헌신이다

하나님의 뜻을 잘 이루고 성취하는 것은 물론 중요하다. 그런데 처음부터 성취를 생각할 필요는 없다. 가장 먼저 하나님의 뜻을 받드는 것이 중요하다. 뜻을 받드는 것, 이것부터가 헌신의 시작이다. 하나님의 뜻을 각 사람이 받들고, 부부가 받들고, 가정이 받들고, 교회가 받들고, 공동체가 받들며 살아야 한다. 그것이 언약의 백성이 행해야 하는 헌신이다. 그렇게 뜻에 맞춰진 삶을 살겠다고 정하고 그 정한 대로 살아야 한다. 행여 그 가운데서 자기의 뜻이 철저히 배제되더라도 개의치 말아야 한다.

그런데 만약 그 뜻이 없다면 그 사람은 비신자, 이방인, 우상 숭배자, 거짓의 아들이나 다름없다. 또한 그 뜻을 잘 이해하지 못한 사람도 이단이나 비신자 처분을 받게 된다. 가령 하나님을 잘 섬긴다는 바리새인도 하나님의 뜻을 받들지 않고 그 뜻을 잘 이해하지 못했다. 그래서 자기와 자기 나라가 잘되는 것에만 매여 있었고 예수님으로부터 책망받을 수밖에 없었다.

혹시 지금 하나님의 뜻이 이루어지고 있지 않음에도 불쾌한 마음이 전혀 들지 않는가? 그렇다면 문제가 있는 것이다. 하나님의 뜻을 잊은 자, 무시하는 자, 대체하는 자들은 성도의 자리에서 벗어난 것이다. 여전히 잠재적 비신자들이다. 교회에 빠지지 않는 것, 봉사 잘하는 것 등이 헌신이 아니다. 만약 하나님의 뜻이 계속 지켜지지 않는다면 우리는 이스라엘 백성이 수없이 매를 맞았듯 하나님의 뜻이 지켜질 때까지 맞을 수밖에 없을 것이다. 그러므로 하나님의 뜻을 잊고 무시하고 대체하려는 모습을 버리자. 이것을 바로잡아야만 하나님께서 택하신 백성으로 헌신하는 삶을 살 수가 있다.

마음 들여다보기

❶ 이스라엘 백성과 우리를 계속해서 매로 단련하시는 하나님에 대해 그동안 어떤 이미지를 가졌었는지 솔직하게 되돌아봅시다.

❷ 하나님의 뜻을 받들기 위해 내가 내 가정에서 가장 먼저 고쳐야 할 것이 무엇인지 한 가지씩 생각해 봅시다.

하나님만 바라보기

하나님, 저는 하나님의 뜻을 빙자하여 제 뜻을 이루려고 했습니다. 하나님의 뜻을 제 뜻으로 대체하고 동시에 하나님의 진정한 뜻은 무시하고 외면했습니다. 그러면서 교회에 열심히 다니고 봉사도 잘하니 아무 문제가 없다고 생각했습니다. 어쩌다가 하나님의 징계가 임하는 것 같으면 '이렇게 열심히 신앙생활을 하는 나에게 왜 이런 일이 생기는 거지?' 하고 원망하기까지 했습니다. 이제 헌신의 기본이 하나님의 뜻을 받드는 것임을 알았습니다. 이것이 어긋나면 모든 것이 다 무너짐을 깨달았습니다. 이제 겸손히 하나님의 음성에만 귀 기울이겠습니다. 하나님, 하나님의 뜻을 온전히 듣고 그 뜻을 마음에 그대로 담아 이 땅에 하나님의 뜻이 이루어지는 것을 최우선으로 삼겠습니다.

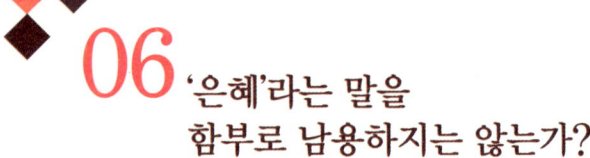

06 '은혜'라는 말을 함부로 남용하지는 않는가?

"그러나 이 은사는 그 범죄와 같지 아니하니 곧 한 사람의 범죄를 인하여 많은 사람이 죽었은즉 더욱 하나님의 은혜와 또한 한 사람 예수 그리스도의 은혜로 말미암은 선물은 많은 사람에게 넘쳤느니라"

로마서 5:15

목사님, 저는 '은혜'라는 단어를 좋아합니다. 그래서 교회 안에서 이 말을 자주 사용하는 편입니다. 특별히 예배 드리고 난 후 설교 말씀에 은혜받았다고 말하기도 하고 찬양이 은혜스러웠다고 말하기도 합니다. 그리고 가끔은 더 풍성한 은혜를 받기 위하여 다른 교회 집회나 부흥회에 종종 갑니다. 그런데 말은 이렇게 하고 있지만, 정작 은혜가 무슨 의미인지는 잘 모르겠습니다. 물론 기본적인 뜻이야 알지만 '은혜받았다', '은혜스럽다'라는 말의 구체적이고 정확한 뜻은 잘 모르겠습니다. 이걸 모르는 것이 그리 큰 문제는 아니라는 생각에 이 말을 늘 쓰고 있긴 하지만요.

함부로 표현되어서는 안 될 용어, 은혜

'은혜'는 교회에서 정말 많이 사용되는 용어 중의 하나다. 그러나 정작 우리는 이 은혜라는 용어를 잘못 사용할 때가 많다. 보통 설교 말씀을 듣고 나서 "은혜 많이 받았다"고 말하거나, 간증이나 찬양을 듣고 나서 "은혜스럽다"고 표현하기도 한다. 하지만 이러한 표현이 합당한 것인지 바로 알아야 한다. 특히 은혜라는 단어의 사용은 단순하게 표현상의 문제에만 그치지 않기 때문에 더욱 조심해야 한다.

은혜는 헬라어로 '카리스charis'라고 하는데 이 말은 본래 '호의' 정도의 의미였다. 그런데 이 단어가 십자가 사건 이후 영적인 의미를 갖게 되었다. 우리에게 있어 특별한 단어가 된 것이다. 은혜는 성경 안에서 죄 사함이나 구원과 관련하여 등장할 때가 많다. 또한 성경은 은혜가 예수 그리스도로부터 출발함을 언급한다엡 1:7, 딛 2:11. 즉 은혜는 십자가로 표현된 하나님의 사랑과 호의를 의미하는 것이며, 구원과 항상 붙어서 등장해야 할 개념이다. "예수 그리스도의 은혜로 말미암은 선물은 많은 사람에게 넘쳤느니라"롬 5:15에서 '선물'이 바로 구원과 영생을 말하는 것이다.

하나님은 천지를 창조하시고 난 후 에덴에서 죄 없던 자에게 호의를 베푸셨다. 그러나 인간은 그 호의를 변질시켜서 자기 영광으로 삼으려고 했다. 이것이 바로 죄다. 그런데 이 죄를 지은 자, 즉 죽을 수밖에 없는 자에게 하나님께서는 또다시 은혜를 베푸셨다. 그러므로 우리는 은혜란 죄 있는 자에게 필요한 것임을 알아야 한다. 죄 없다 하는 자에게는 필요가 없다. 이처럼 죄 사함과 구원 그리고 은혜는 묶어서 쓰일 수밖에 없다.

은혜의 증거, 은사

은혜의 결과, 즉 은혜를 입었다는 증거가 바로 '은사'다 롬 5:16. 은사는 헬라어로 '카리스마charisma'인데 은혜카리스와 같은 어원에서 비롯되었다. 그러므로 우리는 은혜와 은사를 연결하여 생각할 수 있어야 한다. 성경에는 은혜와 그 은혜의 사람예수 그리스도이 죄와 죽음의 반대 역할을 한다고 전하고 있다 롬 5:15-16. 그러고는 은혜가 왕 노릇 한다는 것에서 끝나지 않고 의의 선물을 받은 사람이 왕 노릇 한다고 설명한다 롬 5:17. 은혜도 죄의 반대로 왕 노릇을 하는데 은사인 카리스마를 받은 사람도 죄의 반대 역할을 한다는 것이다. 여기서 알 수 있는 결론은 은혜, 은혜의 사람, 은사 등 모두가 은혜의 일을 함께하게 된다는 것이다. 우리는 이것들이 다 일맥상통한 것임을 알아야 한다.

은혜는 받는 것? 은혜는 이미 받은 것으로 행하는 것!

많은 성도가 은혜를 소멸될 수 있는 것으로 생각한다. 더 추구하고 더 많이 받아야 할 것으로 여긴다. 심지어 다른 어떤 사람을 통해 은혜를 받을 수도 있다고 말하기도 한다. 설교 잘하는 목사, 찬양 인도자, 간증하는 사람 등을 통해 은혜를 받아 간다고 생각하는 것이다.

그러나 성도라면 은혜는 이미 받았어야 하는 것이며, 지금은 그 은혜를 활용하는 중이어야 한다. 특히 다른 누군가를 통해 은혜를 받았다고 생각해서는 안 된다. 설교, 찬양, 부흥회 등에서는 이미 받은 은혜를 다시 깨닫게remind 할 뿐이다.

우리가 이미 완벽한 은혜, 충분한 은혜를 받았음에도 더 받으려고만 한다면 문제가 생길 수밖에 없다. 이런 잘못된 생각 때문에 어떤 사람은 '소진된 은혜를 충전하겠다'는 마음으로 교회에 나온다. 그러나 이것은 이미 물이 가득한 수영장에 작은 컵으로 물을 몇 번 붓고는 자신이 수영장 전체에 물을 채웠다고 말하는 것과 같다. 우리는 은혜와 함께 왕 노릇 하면서 다른 사람을 은혜 안으로 들어오게 해야 한다는 사실을 생각해야 한다.

오늘날 많은 이단이 은혜의 원리를 이상한 방법으로 적용하고 있다. 그들의 공통점은 근거도 없는 자기 자랑을 늘어놓으며 자신이 엄청난 사람인 것을 과시하는 것이다. 그러면서 그 은혜를 부어 주겠다고 한다. 자신이 은혜의 전권을 가지고 있다고 믿게 만드는 것이다. 심지어 그런 사람들 곁에서 은혜받겠다며 충성을 다하는 사람들도 있다. 진정한 은혜는 우리로 하여금 그 은혜 안에서 왕 노릇 하게 하지만, 이단을 따른 사람들은 왕은커녕 스스로 판단을 못 하는 노예가 되어 갈 뿐이다. '더 큰 은혜의 노예', 이 얼마나 말도 안 되는 조합인가.

은혜를 구걸하려고 하면 이와 같은 처지에 놓일 수 있다. 혹시 은혜 받게 해주겠다는 곳에 자신의 마음이 쏠리고 있지는 않은가. 다시 말하지만 예수님을 영접하고 성령이 오셨을 때 모든 은혜는 이미 임하였다. 이제 우리는 이미 주신 은혜에 감사하며 그 은혜 가운데서 무엇을 행할 것인지에 관심을 두어야 한다. 또한 어떻게 올바르게 은사를 사용할 수 있을지를 고민해야 한다.

❶ 나는 그동안 은혜라는 단어를 교회 안에서 어떤 식으로 사용해 왔는지 생각해 봅시다.

❷ 나에게 있는 은사는 무엇이며, 그 은사가 어떻게 하나님의 은혜를 증거할 수 있는지 생각해 봅시다.

하나님, 저는 그동안 은혜라는 말을 너무 쉽게 생각하고 제 마음대로 사용하곤 했습니다. 그리고 그것이 별 문제가 되지 않을 것이라고 여겼습니다. 그러나 그 은혜라는 말이 우리를 향한 죄 사함과 구원에 있어서 얼마나 중요한 단어인지 알게 되었습니다. 또한 이미 받은 은혜를 계속해서 간구하는 것이 얼마나 큰 실수인지도 알게 되었습니다. 이제 은혜에 대해 제대로 이해하고 은혜의 증거인 은사에 대해서도 정확히 알고 똑바로 사용하겠습니다. 하나님께 이미 받은 그 은혜를 통해 남들에게 은혜를 행하는 사람이 되겠습니다. 또한 은사를 올바로 사용하여 하나님께 영광 돌리는 일꾼이 되겠습니다.

07 여전히 충분한 은혜를 받지 못했다고 생각하는가?

"이 말을 하고 뒤로 돌이켜 예수께서 서 계신 것을 보았으나 예수이신 줄은 알지 못하더라 예수께서 이르시되 여자여 어찌하여 울며 누구를 찾느냐 하시니 마리아는 그가 동산지기인 줄 알고 이르되 주여 당신이 옮겼거든 어디 두었는지 내게 이르소서 그리하면 내가 가져가리이다" 요한복음 20:14-15

목사님, 저는 하나님의 은혜에 대해 묵상을 많이 합니다. 기독교가 멋진 이유는 바로 이 은혜라는 개념 때문이 아닐까 생각하거든요. 무엇이든 다 이해하시고 받아 주시고 용서하시는 하나님의 은혜로 인해 늘 마음이 평안합니다. 사실 구약 시대였으면 얼마나 힘들었겠어요? 조금만 잘못해도 율법에 걸리고 바로 심판받고……. 그러나 이제는 하나님의 은혜로 참으로 자유로운 것 같습니다. 이 은혜를 통해 제 인생을 멋지고 자유롭게 살고 싶습니다. 저의 그런 모습을 보시면서 하나님도 기뻐하시리라 확신합니다.

가장 큰 부활의 은혜 앞에서

예수님이 부활하시고 난 후 막달라 마리아는 예수님의 무덤을 찾아갔다. 마리아는 예수님으로부터 큰 은혜를 입은 사람이었지만 정작 은혜의 주체이신 예수님은 알아보지 못했다요 20:14-15. 제자들도 마찬가지였다. 그들은 예수님이 죽으신 후 다시 살아나실 거라는 부활의 은혜를 모르고 있었다. 예수님이 그토록 말씀하셨음에도 깨닫지 못했다.

오늘날 우리도 가장 큰 은혜인 부활의 은혜를 몰라보고 있다. 교회에 다니기는 하지만, 그 놀라운 은혜에 감격으로 반응하지 않는다. 우리가 이 놀라운 은혜를 깨닫지 못하고 있는 이유는 바로 자신이 마음에 두고 있는 은혜가 따로 있기 때문이다. 은혜의 종류를 돈 잘 벌고, 자식 농사 잘 짓고, 원하는 일이 잘 풀리는 것으로 정해 놓았기 때문에 가장 큰 은혜인 부활에 관해서는 관심이 없는 것이다.

그래서 일할 때에도 이 은혜와 별개로 일한다. 부활의 은혜를 힘입고 성령을 받으면 누가 시키지 않아도 기쁜 마음으로 하나님의 일을 하게 되는데, 그 은혜를 깨닫지 못하다 보니 의리나 정, 예의로만 일하는 것이다. 그러니 그저 자신이 정해 놓은 은혜만 생각하고 있을 뿐 앞으로 어떤 은혜가 임할지에 대해서도 관심이 없을 수밖에 없다. 이처럼 우리는 은혜 바깥에 있는 경우가 많다. 하나님께 은혜카리스를 받고 은사카리스마를 행하는 것이 기독교인데, 은혜 바깥에 있다 보니 교회도 아니고 성도도 아닌 존재가 되어 가는 것이다.

그러나 예수님은 이런 우리에게 계속 기회를 주신다. 은혜를 몰랐던 마리아와 제자들을 실질적인 은혜 안으로 계속 끌어들이시고 성령을 받고 은혜의 일을 하게 하신 것처럼 은혜의 주체이신 예수님이 우리에게 은혜를 주시고, 은혜를 깨닫게 하시고, 은혜의 일을 하게 하시는 것이다. 우리가 은혜 안으로 들어오는 최종 단계인 은혜의 일을 행하도록 하신다. 이것이 증거다.

은혜를 모르거나 무시하거나 오용하거나

은혜에 대해 잘못 반응하는 세 가지 유형이 있다. 첫째는 위에서 언급한 대로 은혜를 모르는 사람이다. 교회를 다닌다고 해도 받은 은혜를 모르면 세상 사람과 별반 다를 바가 없다. 받은 은혜가 얼마나 좋은지 알지 못하기 때문에 세상 사람과 구별되지 못하는 것이다. 하지만 이런 사람들에게도 희망이 있다. 예수님이 마리아와 제자들을 깨우쳐 주셨듯 은혜를 모르는 사람에게는 계속 말씀하시면서 은혜 안으로 이끄시기 때문이다.

둘째는 은혜를 무시하는 사람이다. 달란트 비유를 보면 한 달란트 받은 자가 나온다. 그는 받은 달란트를 아예 무시했다. 다섯 달란트, 두 달란트 받은 자처럼 남기려고 하지 않았다. 이런 사람은 하나님을 모르는 세상 사람만큼이나 악한 사람이다. 아니 더 악하다. 세상 사람은 애초에 받지도 못했지만 이런 사람은 하나님의 은혜를 받았음에도 무시했기 때문이다.

셋째는 은혜를 잘못 사용하는 사람이다. 이러한 사람은 하나님을 모르는 세상 사람을 넘어 사탄만큼이나 악한 것이다. 이단 교주도 대부분 처음에는 나름 순수하게 성경을 배우고 공부하던 사람들이었다고 한다. 그런데 받은 은혜를 잘못 사용하기 시작하면서 패망의 길에 이르게 된 것이다. 우리도 하나님이 주신 것을 자기 영광을 위한 도구로 사용할 때가 있다. 혹은 기도한 것이 이루어지면 전적으로 하나님께 영광을 돌리지 않고 '나도 어느 정도는 했으니까' 하고 계산한다. 하지만 우리는 하나님께 빚진 것에 대한 부채 의식이 있어야 한다. 갚을 수 있는 것은 아니지만 적어도 부채 의식으로 평생을 살아야 한다. 그러나 우리는 내 수고가 컸다고 말하며 자꾸만 부채 의식을 덜어내려고 한다. 지금 이 순간, 나에게 부채 의식이 있는지를 분명히 살펴야 한다. 그것이 없다면 지금 은혜를 잘못 사용하고 있는 것이다.

이처럼 우리 중에는 은혜를 모르는 사람, 은혜를 무시하는 사람, 은혜를 잘못 사용하는 사람이 있다. 이들의 공통점은 바로 자기를 위해 산다는 것이다. 하지만 우리는 이제 하나님을 위해 살기로 결단해야 한다. 그 가운데서 하나님께 받은 은혜를 바로 알고 바로 사용해야 한다.

진정한 은사

은사가 남아 있다고 해서 은혜 속에 거하는 것은 아니다. 우리는 은사가 있고 그것을 쓸 수 있다고 해서 당당해져서는 안 된다. 은사가 나타날수록 '자격 없는 나에게 은혜를 주셨음'을 어쩔 줄 몰라 하며 겸손해야 한다. 그래야 은혜 안에 거하게 된다.

복음이 처음으로 우리나라에 들어오던 시기에 강화도에서 가장 먼저 세례침례를 받은 할머니가 있었다. 할머니는 동네 사람들의 방해가 심하자 모두 집으로 돌아간 밤에 갯벌로 나와 세례침례를 받았다. 이 할머니로 인해 유학자 두 명이 예수님을 믿게 되었는데 그중 한 명은 서당을 운영하는 사람이었다. 그는 사회적 위치상 복음을 받아들이기 어려웠음에도 유교 사회에서 당당히 복음을 증거했다. 자신의 집을 교회로 세우고 함께 신앙생활하던 사람들과 영적으로 한 형제가 되었는데, 초창기 신자 일곱 명은 이름을 바꾸기도 했다. 성경적인 의미를 담은 한자를 각자의 이름에 넣은 것이었다. 그는 자신의 이름을 '박능일'로 바꾸었고, 또 다른 사람은 '종순일'로 바꾸었다. 종순일로 이름을 바꾼 사람 역시 변화된 삶을 살았는데, 채무자들을 모아다가 빚을 모두 탕감해 주었고 그에게 빚을 탕감받은 사람들은 자연스럽게 예수님을 믿게 되었다. 그리고 재산을 다 내어놓고 섬을 돌며 전도하면서 여생을 보냈다. 이들의 모습을 보고 많은 사람이 개종을 했고, 80명이 넘는 사람이 교회에 다니게 되었다. 그 교회가 지금의 강화 홍의교회이다. 진정한 은사란 바로 이런 것이다. 은혜가 자신에게 들어오고 남들도 그 은혜 안으로 들어오게 하는 힘power이다.

마음 들여다보기

❶ 은혜를 모르거나 무시하거나 오용하는 사람 중 나는 어느 쪽에 가까운지 돌아보고 반성해 봅시다.

❷ 은혜받은 사람에게 나타날 수 있는 일들은 어떤 것이 있는지 생각해 봅시다.

하나님만 바라보기

하나님, 저는 하나님의 은혜 속에서 살아왔고 그 은혜가 아니었으면 죽을 수밖에 없는 존재였습니다. 그럼에도 '그래도 내가 열심히 해서 여기까지 왔지'라는 생각을 하곤 했습니다. 그야말로 하나님의 영광을 가로채려고 했었고 부채 의식을 덜어내려고만 했습니다. 또한 하나님의 은혜를 받았음에도 감사하기보다는 별것 아닌 것으로 치부할 때도 많았습니다. 그 크신 은혜를 그렇게 외면했음을 회개합니다. 이제부터는 하나님의 은혜 안에 거하면서 그 은혜를 다른 곳으로까지 확장시키는 일꾼이 되겠습니다.

08 이미 받은 은혜를 빼앗기지 않으려면?

"그 종의 주인이 불쌍히 여겨 놓아 보내며 그 빚을 탕감하여 주었더니 그 종이 나가서 자기에게 백 데나리온 빚진 동료 한 사람을 만나 붙들어 목을 잡고 이르되 빚을 갚으라 하매 그 동료가 엎드려 간구하여 이르되 나에게 참아 주소서 갚으리이다 하되 허락하지 아니하고 이에 가서 그가 빚을 갚도록 옥에 가두거늘" 마태복음 18:27-30

목사님, 저는 20대까지만 해도 세상에서 방탕하며 살았습니다. 화려하게 꾸민 채 술 마시고 놀러 다니는 것에 빠져 있었습니다. 하지만 결혼 후 전도 받아 하나님의 자녀가 되었고 하나님께서 베푸신 은혜 가운데서 참으로 행복하게 살게 되었습니다. 꿈과 희망도 갖게 되었고 교회에서도 일꾼으로 소문이 나 있습니다. 그런데 얼마 전에 저희 교구에 새가족이 들어왔는데 솔직히 저는 그 사람이 너무 마음에 들지 않습니다. 저에게 무엇을 잘못한 것은 아니지만 그냥 그 사람이 싫습니다. 교회에 나오면서 진한 립스틱에, 머리는 튀는 컬러로 염색하고, 짧은 스커트에, 요란한 액세서리까지…… 정말 보기 싫습니다. 게다가 말도 험해서 정말 한심해 보입니다. 사실 10여 년 전의 제 모습이기도 한데 말이지요. 제가 양육 담당이라 잘 챙겨 줘야 하는데, 어떡해야 할지 모르겠습니다.

받을 것 말고 받은 것만 생각하라

만 달란트를 빚진 사람은 도저히 갚을 수 없는 그 돈을 주인에게서 탕감받았다. 하지만 그는 자신에게 백 데나리온 빌린 사람에게 곧장 달려가 돈을 갚도록 협박했다. 지금으로 따지면 만 달란트는 많게는 6조 원, 백 데나리온은 1천만 원 정도가 된다. 이때 그의 행동을 보면 자신이 탕감받은 사실에 대해서는 생각하지도, 말하지도 않는다. 이처럼 마음에 탐심이 들어오면 받은 것은 계산할 줄 모르고 받을 것만 계산하게 된다.

그런데 앞서 만 달란트를 탕감해 준 주인의 입장에서 생각해 보자. 왜 이 주인은 그 많은 빚을 기꺼이 탕감해 준 것일까? 이것은 빚진 자를 살리기 위한 것이다. 또한 그 만 달란트는 빚진 자가 탐심을 버릴 수 있게 할 만한 충분한 돈이니 더는 탐심을 갖지 않기를 바라는 마음에서였다. 탐심을 버리는 데도 많은 수고가 있어야 한다. 그런데 빚진 자가 탐심을 버리는 것은 어떻게 증명되는가? 빚진 자 역시 누군가의 형편을 살피며 빚을 탕감해 줄 때다. 즉 주인은 '너도 누군가의 빚을 탕감해 줄 수 있기를' 자연히 기대하게 된다. 그래서 '내가 너를 살리기 위해 지불한 증거가 헛되지 않게 하기를' 바라고 있는 것이다.

이처럼 은혜를 받았다면 은혜를 주신 분을 닮아 가야 한다. 여기서 은혜란 기대하지 않고 자격이 없는데 받은 것을 말한다. 우리가 정말로 죄 사함을 받고 하나님의 자녀가 되었다면 하나님처럼 행해야 한다. 하나님을 닮아 가야 한다. 빚진 자가 자신의 빚을 탕감해 준 주인을 닮아서 자신도 그 덕을 베풀어야 하듯, 우리도 받은 대로 해야 한다.

보통 다른 종교는 앞으로 받을 것을 위해 지금 무엇인가를 요구한다. 복을 받기 위해 복채를 내고, 부적을 사고, 108배를 하고, 고행을 하고, 헌신해야 한다. 그러나 하나님은 다르시다. 미리 다 주시고 그에 합당한 태도를 요구하신다. 그래서 시작이 '하늘'이다. 주기도문에서도 땅에서 먼저 시작하지 않고 하늘에서 이루어진 뜻이 땅에서도 이루어져야 한다고 하셨다. 이처럼 이미 받은 청지기로서 살아야 하는 우리가 앞으로 얼마나 더 받을지에 대해서만 계산하고 고민한다. 하나님을 닮을 생각은 하지 않고 그저 더 바라기만 하는 것이다.

은혜를 빼앗길 만한 사람들

비유대로 하자면 하나님은 한 사람을 살리기 위해 6조 원을 투자하셨다. 하나님은 이처럼 늘 손해를 보신다. 이런 하나님이 은혜를 베푸시면 영광을 돌려 드려야 하는데 오히려 하나님을 욕되게 하는 사람들이 있다. 용서해 주시려고 해도 용서받기 힘든 사람들이 있다. 남이 나에게 진 1천만 원의 빚만 용서해 주면 내가 진 6조 원의 빚을 온전히 탕감받을 수 있었을 텐데 그마저도 포기하지 못한다. 하나님의 은혜에 대해 잘못 반응하고 있는 것이다. 이런 사람들은 성경에 나온 빚진 종처럼, 받은 은혜를 도로 빼앗기게 된다. 은혜를 빼앗겨도 할 말 없는 사람들을 살펴보면 몇 가지 부류로 나눌 수가 있다.

첫째, 받은 은혜를 가지고 교만한 마음을 갖는 사람이다. 나는 은혜 받을 자격이 있다고 생각하면서 다른 사람들은 그런 존재로 생각하지 않는다. 간혹 교회에서 먼저 예수 믿었다고 늦게 믿은 사람을 면면히 정죄하고 판단하는 사람들이 바로 그런 사람이라 할 수 있다.

둘째, 은혜를 마음대로 이용하는 사람이다. 이미 받은 은혜가 많은데 이것을 자기 것으로 생각하고 오로지 자기 꿈을 위해 사용하는 이들이다. 이들은 자신의 꿈에다 '비전'이라는 용어를 사용하며 포장한다. 그러고는 평안에 이르고 최고점에 이르는 것이 자기에게 주어진 비전인 양 생각하며 추구해 나간다. 자기가 계획한 대로만 진행해 나간다. 이처럼 은혜를 자기의 소유로 생각하고 그렇게 다루면 하나님께서는 결국 주신 은혜를 다시 빼앗아 가실 수밖에 없다. 은혜를 통해 번영을 이루려고 해서는 안 된다. 또한 받은 은혜를 하나님을 위해 사용하는 것을 보류하려고 해서도 안 된다. 기회가 주어질 때마다 하나님을 위해 사용해야 한다. 주어진 사명을 완수해야 한다. 만 달란트 빚진 자도 백 데나리온 빚진 자를 만난 것을 하나님이 주신 기회로 생각하고 기꺼이 탕감했어야 했다. 아마 그때 용서했다면 다른 종들이 그것을 보고 주인에게 찾아가 그 사람을 입이 닳도록 칭찬했을 것이다.

셋째, 은혜의 영역이 자신의 가족, 자신의 지인, 자신의 교회에만 머무르게 하는 사람이다. 오늘날은 그 은혜가 오직 자신이 속한 교회 안에만 머무르는 경우가 많다. 경제적인 여유가 있어도 오로지 자기 교회를 위해서만 사용하는 것이다. 다른 사람에게 빼앗기기 싫어서 움켜쥐고 자기가 속한 공동체에서만 은혜를 나누니, 그 은혜가 더는 퍼지지 못하고 머무르게 되는 것이다. 은혜는 머무르면 썩는다. 은혜는 낮은 곳, 비어 있는 곳으로 흐른다. 그러므로 은혜를 자신들 안에 가두는 사람은 오히려 빈곤해질 수밖에 없다. 결국 '신앙생활을 오래했지만 빈곤해졌으니 이제는 세상으로 눈을 돌려 보자'고 생각하게 된다. 자녀에게도 "너는 세상에서 꼭 성공해 봐라" 하고 말하기도 하고 자신도 세상에서 무언가를 해보려고 하게 된다. '하늘은 스스로 돕는 자를 돕는다'는 말은 성경에 없는데 말이다.

이런 사람은 받은 은혜를 빼앗긴다. 이것은 아예 안 받은 것보다도 비참한 것이다. 대학 합격 통지서를 받았다가 그다음 날 전산 오류로 인한 착오였다며 불합격으로 정정 통보를 받았다면 어떻겠는가? 처음부터 불합격 통보를 받았을 때보다 훨씬 더 비참하고 아플 것이다. 설마 빼앗으시겠냐고? 한 달란트 받은 자를 기억하자.

이제 우리 마음 안에 받은 은혜가 잘 자라고 있는지 점검하자. 그것을 이상한 데에 사용하려고 하지는 않는지 수시로 확인하자. 내가 받은 은혜만큼 남에게 베풀고 있는지 되돌아보자. 앞으로 받을 것을 생각하지 말고 받은 그 놀라운 은혜만 바라보자. 그리고 그것을 주신 하나님을 닮아 감으로 은혜를 더욱 은혜 되게 하자.

마음 들여다보기

❶ 내가 도저히 용서하기 힘든 사람이 있다면 누구인지 생각해 봅시다. 만약 하나님이라면 어떻게 하실지도 생각해 봅시다.

❷ 하나님께 받은 은혜를 간증한답시고 내 자랑을 했던 적은 없는지 생각해 봅시다.

하나님만 바라보기

하나님, 저는 하나님께 측량할 수 없는 은혜를 받았습니다. 그런데 그 은혜를 망각하며 지난 세월을 보냈습니다. 받은 은혜를 가지고 어떻게 저의 삶을 멋지게 꾸려 나갈 수 있을지만을 고민했습니다. 때로는 더 큰 은혜와 복을 주시지 않는다며 투덜댄 적도 있습니다. 아니, 원망하면서 신앙생활을 게을리하기까지 했습니다. 그것이 얼마나 큰 잘못인지 이제야 깨달았습니다. 이제는 받은 은혜를 빼앗기지 않도록, 그 은혜를 바탕으로 저도 누군가에게 사랑을 베풀 수 있는 사람이 되겠습니다. 그리고 저에게 은혜를 베푸신 하나님을 닮아 가도록 매일 노력하겠습니다. 하나님께서 주신 은혜를 날마다 상기하며 입술로 감사함을 전하고, 그 은혜를 입은 자답게 변화된 삶을 살겠습니다.

09 하나님이 우리에게 주시고자 하는 지혜의 길은?

"하나님은 이르시되 어리석은 자여 오늘 밤에 네 영혼을 도로 찾으리니 그러면 네 준비한 것이 누구의 것이 되겠느냐 하셨으니 자기를 위하여 재물을 쌓아 두고 하나님께 대하여 부요하지 못한 자가 이와 같으니라" 누가복음 12:20-21

목사님, 저는 스스로 참 지혜롭다고 생각했습니다. 누구나 인정해 주는 최고의 대학과 대학원을 나왔을 뿐만 아니라 제 아이들도 학원이나 과외 한번 안 보내고 제가 가르쳐서 늘 전교 10등 안에 들게 하거든요. 그러다 보니 주위에 많은 사람이 저를 부러워합니다. 그런데 어느 순간부터 이런 저의 모습이 허무하게 느껴지기 시작했습니다. 매일매일 계획을 세워 놓고 그 계획대로 아이들을 가르치다 보면 교회 봉사는 엄두도 못 내고, 주일날만 겨우 예배를 드리고 오는 것이 전부입니다. '이렇게 신앙생활을 하는 것이 맞나?', '내가 지금 제대로 살고 있는 건가?' 하는 생각이 듭니다. 이런 저의 모습을 과연 하나님께서 지혜롭다고, 아름답다고 말씀하실까요? 저는 분명히 열심히, 온 힘을 다해서 산다고 했는데 어디서부터 잘못된 것일까요? 하나님이 인정하시는 지혜로운 삶은 어떤 삶인가요?

우리에게 지혜를 주고 싶어 하시는 분

이 세상은 하나님의 지혜로 가득 차있다. 게다가 지혜의 원천이신 하나님은 참된 지혜를 우리에게 주기 원하신다고 말씀하셨고 성경 또한 지혜의 책이다. 물론 우리도 지혜를 갈망하지만 하나님이 먼저 그 지혜를 주고 싶어 하시는 것이다. 그러므로 우리는 하나님이 지혜를 주실 때 잘 받아야 한다.

사실 자연 하나만 보아도 하나님을 믿을 수밖에 없는 지혜에 이르게 된다. 어떤 과학자가 잠자리 날개를 연구했는데 잠자리의 날개는 잠자리 스스로 아무리 수만 년을 원한다고 해도 만들어질 수 있는 것이 아니기에 오랜 시간 고민했다고 한다. 그러다가 마침내 그 과학자는 '이것은 절대자가 아니고서는 만들 수 없다'라고 결론을 내리고 결국 하나님을 찾게 되었다고 한다. 이외에도 자연을 탐구하고 우주를 탐구하다가 하나님의 존재를 깨닫고 믿게 되는 경우는 아주 많다. 하나님은 이렇게 지혜의 원천을 역추적해 볼 수 있게 하신다. 또한 성경 속의 과거에 선지자를 통해서도 지혜를 얻게 하셨다. 죄악 가운데서 살 지혜를 말씀해 주신 것이다.

십자가에서 예수님이 죽으신 것도 '내가 죽어야 너희가 산다'는 참 지혜를 주시기 위함이었다. "내가 떠나는 것이 너희에게 유익이라" 요 16:7 말씀하시고 하나님의 깊은 마음을 아시는 성령을 각자에게 주신 것도 지혜 때문이다. 교회가 세워진 것 역시 이 지혜를 전하기 위한 것이다.

어떤 교회든 지혜 있는 자가 지혜 없는 자를 가르치는 것이 기본 원리이다. 물론 여기서 말하는 지혜란 학벌과 지식수준을 초월하는, 하나님으로부터 온 영적 지혜를 말하는 것이다.

'어떻게 해서든' 지혜를 주시려는 하나님

그렇다면 하나님이 주시는 지혜는 무엇일까? 그동안 세상의 많은 경제·경영학자들이 성경과 교회를 연구했다. 수천 년이 지나도 망하지 않는 교회의 비밀을 탐구하고 싶었던 그들은 잘되는 원인을 연구해서 그 원리를 얻고자 했던 것이다.

안타깝게도 이런 생각은 교회 안에서도 나타난다. 사람들은 '어떻게 하면 잘 먹고 잘살 수 있을까'에 대한 것을 성경을 통해 배우려고 하는 것이다. 탐심이 그 사람을 어둡게 하면 정말 들어야 할 하나님의 말씀은 듣지 못하고 그저 자신의 유익만을 좇게 된다. 이것부터가 지혜를 얻지 못했다는 증거다. 이것은 몰라서 그러는 것도, 순진한 것도 아니다. 그냥 '악한 상태'인 것이다.

우리는 하나님이 정말로 말씀하고 싶어 하시는 지혜를 배워야 한다. 하나님은 어떻게 해서든 우리에게 지혜를 심어 주시려고 다양한 방법을 택하신다. 무조건 사랑으로만 말씀하지는 않는다. 때로는 강력하고 무서운 방법으로도 지혜를 말씀하시기도 한다. 자녀가 위험한 곳에 가려고 하면 화를 내고 매를 들어서라도 막아야 하는 것과 같은 마음이다. 자녀가 불이 있는 곳에 가는데 어떻게 가만히 있겠는가? 불을 통제하고 스스로 피할 수 있는 지혜가 생기기 전까지는 어떤 방법으로라도 막아야만 한다. 그러므로 각자의 수준에 따라 하나님이 지혜를 주시는 방법도 다양하다는 것을 알아야 한다. 말로든, 매로든, 충격으로든, 어떤 방식으로든 하나님은 지혜를 전해 주고 싶어 하신다.

지혜롭지 못한 부자처럼 되지 않으려면

지혜를 얻고자 늘 부르짖는 자녀를 하나님은 기뻐하신다. 세상 것을 구하려고 하지 않고 하나님의 지혜를 구하는 사람을 보시면 얼마나 기쁘시겠는가? 그러나 안타깝게도 이렇게 지혜를 부르짖기는커녕 자신에게 이미 지혜가 있어서 더는 필요하지 않다고 생각하는 사람도 있다. 이것도 '악한 상태'인 것이다.

예수님은 지혜롭지 않은 한 부자에 대해 말씀하셨다 눅 12:16-21. 그는 넓은 땅을 소유하고 있었으며, 재물을 쌓는 데에 삶의 의미를 두었다. 그러고는 자신의 영혼을 향해 "쌓아 둔 것이 많으니 평생 즐거워하자"고 말했다. 그는 그렇게 창고를 채우는 것을 기쁨으로 삼았지만 하나님은 이를 어리석게 보셨다. 그 사람의 상태는 실로 심각하다고 볼 수 있다. 지혜가 없다는 것은, 지혜를 구하지 않는다는 것은 단지 삶의 어떤 부분에서 손해 보는 차원에 그치는 것이 아니기 때문이다.

또한 부자는 자신의 부를 자랑하고 싶어 했고 사람들로부터 추앙받고 싶어 했다. 언뜻 보면 자기 자신을 위해 재물을 모으는 것 같지만 실제로는 자신을 봐줄 다른 사람들을 의식하며 부를 모으고 있었던 것이다. 누구를 위해 부를 모으는가는 매우 중요한 문제이다. 그것이 이 부자의 지혜 수준이다. 그런데 그 '누구'가 하나님이 아닌 자신이거나 세상 사람들일 때 하나님은 그것을 어리석다고 말씀하신다.

  하나님은 모든 탐욕을 버린 채로 하나님께 나아오길 원하신다. 또한 불특정 다수를 의식하지 않은 채로 하나님의 지혜와 능력을 받길 원하신다. 주신 지혜로 아무 얽매임 없이 하나님과 일대일로 대면할 수 있기를 바라고 계시는 것이다. 온전히 구하고 또 받은 그 지혜에 힘입어 세상을 향해 나아가자.

❶ 내 마음속 창고에 무엇이 있는지, 지금 나는 계속해서 무엇을 채우고 있는지 생각해 봅시다.

❷ 내가 하나님께 지혜를 구하는 이유가 무엇인지 돌아봅시다. 혹시 잘 먹고 잘사는 것이 1차 목표는 아닌지 생각해 봅시다.

하나님, 저는 그동안 하나님의 지혜를 구한다고 하면서도 돌아보면 세상의 지혜만을 추구해 오곤 했습니다. 그저 저 자신이 잘되기 위한 지혜만을 구했던 것입니다. 하나님은 우리에게 참된 지혜를 주고 싶어 하시는데 그 마음을 외면한 채 헛된 것만을 좇아왔음을 이제야 깨닫게 되었습니다. 그리고 저는 그동안 인간적인 지혜를 쫓는 것이 그렇게도 어리석은 것임을 알지 못했습니다. 이것이 세상적인 모습처럼 여겨지기는 했지만 그다지 큰 문제가 되지는 않을 것이라고 안일하게 생각했습니다. 이제라도 깨닫게 하시고 참된 지혜의 길로 이끌어 주시니 감사합니다. 잘못된 것을 추구하던 과거의 제 삶을 다 접고 하나님이 부어 주시는 지혜를 향해 한 걸음씩 나아가겠습니다.

10 주의 일을 하는 일꾼인가, 나의 일을 하는 사람인가?

"천국은 마치 품꾼을 얻어 포도원에 들여보내려고 이른 아침에 나간 집 주인과 같으니 그가 하루 한 데나리온씩 품꾼들과 약속하여 포도원에 들여보내고" 마태복음 20:1-2

목사님, 저는 교회에서 다양한 봉사를 하고 있습니다. 주일 1부 7시 30분 예배 때는 안내위원을 하고, 아홉 시에는 교회학교에서 아이들을 가르칩니다. 그리고 주일 3부 11시 예배에 참석한 후 오후에는 어르신섬김봉사회에서 선교 활동을 합니다. 제가 구역장이다 보니 평일에도 자주 교회에 나오고 있습니다. 사실 이렇게 열심히 일하는 제 모습이 스스로 참 멋져 보일 때도 있습니다. 저더러 대단하다고 하는 지체들도 많고요. 그런데 솔직히 요즘 일을 하기는 하지만 기쁨은 없습니다. 이것저것 많이 하다 보니 일에 치여 사는 것 같고 짜증 날 때도 잦습니다. 제 아이들은 엄마는 교회 일만 하고 자기들과 함께 있어 주지 않는다고 원망도 많이 하는데 그럴 때마다 속상합니다. 제가 나름 열심히 봉사해 보겠다고 이렇게 뛰어다니는데 하나님은 왜 저에게 기쁨을 주시지 않는 걸까요? 가정이나 제 삶에 좋은 일들만 있어야 되는 것 아닌가요?

잘못된 동기로 일하거나, 일하지 않거나

교회 안에는 잘못된 동기로 일하는 사람이 있는가 하면, 잘못된 동기로 일하지 않는 사람도 있다. 일하든 일하지 않든, 잘못된 동기에 의해서라면 둘 다 문제가 있다.

잘못된 동기로 열심히 일하는 사람은 '더 받을 것을 기대하는 사람'이다. 이런 사람들은 먼저 된 자 같지만 결국에는 나중 된 자가 될 수도 있다. 이런 사람들의 경우 '이렇게 열심히 하면 언젠가 좋은 것이 오겠지'라고 생각하기에 기대와 믿음을 분간하지 못한 채 겉으로는 긍정적이고 진취적인 사람으로 보이기 쉽다. 혹은 믿음이 좋은 사람으로 보일 수도 있다. 그러나 정작 자신이 기대했던 미래가 나타나지 않거나 더디지면 슬슬 불평하기 시작한다. 또한 자신이 열심히 했던 것에 대해 억울하게 여기기까지 한다. 그러나 엄밀히 따지자면 이런 사람은 억울해할 자격이 없다. 잘못된 것을 일방적으로 구해 놓고는 원하는 대로 안 되었다고 불평하는 것은 하나님 앞에 합당한 행동이 아니다. 간혹 성도 중에 "나는 주의 일을 할 테니 주님께서 내 일을 해주세요"라고 기도하는 경우가 있다. 물론 그렇게 되면 감사할 일이지만 그런 원리를 당연시해서는 안 된다. 성경 어디에도 그런 기도는 없다.

반대로 잘못된 동기로 인해 일하지 않는 사람이 있다. 이런 사람은 주인의 일에 참여하지 않는 자다. 많은 사람이 '나는 열심히 일하면서 살고 있으니 여기에 해당하지 않겠지' 하고 생각할지 모르지만, 여기서 중요한 것은 우리가 하는 일이 '주인의 일' 곧 '하나님의 일'이어야 한다는 것이다. 그냥 자기의 일을 열심히 하는 것으로는 하나님께 인정받을 수가 없다. 세상 사람도 그렇게 산다. 포도원 일꾼이라면 주인의 포도원 안에서 일해야만 일한 것으로 인정된다. 아무리 열심히 일해도 주인의 일을 하지 않는 사람은 주인이 보기에 빈둥거리고 노는 사람일 뿐이다. 그러므로 열심히 일한 것에 대해 하나님께 인정받기 위해서는 내가 지금 하고 있는 일이 나의 일이 아닌 하나님의 일이 맞는지, 나는 지금 하나님의 일이라는 생각으로 열심을 내고 있는지 늘 점검해야 한다.

기쁨으로 기꺼이 따를 수 있는 일이 있는가?

마태복음 20장에 나오는 주인은 선한 주인이다. 주인임에도 불구하고 아침 일찍 나와 열심히 일하기 때문이다. 또한 더 많은 사람에게 품삯을 주기 위해 사람들을 계속 모았으며, 종들을 시켜서 관리하게 하지 않고 자신이 직접 나와서 살펴본다. 심지어 그 선한 주인은 약속대로 품삯도 잘 준다. 몇 시부터 일했든 일꾼과 처음 약속한 대로 모두 한 데나리온씩 준다. 아마 이 상황에서 철이 안 든 사람이라면 머리를 굴려 '내일은 더 늦게 와야지'라고 생각할 수 있다. 그러나 생각이 있는 사람이라면 이러한 선한 주인을 만난 것에 기뻐하며 '이 주인의 일을 잘해야겠다'고 생각할 것이다. 그러고는 오히려 다음 날 더 일찍 나올 것이다.

그렇다면 결국 주인은 어떤 사람과 계속 일하고 싶어 하겠는가? 분명히 포도원에 더 일찍 나와 성실히 일하는 사람일 것이다. 주인은 그런 일꾼에게는 나중에 자신의 포도원을 믿고 맡길 수도 있을 것이다.

전쟁터에서 군사는 존경하는 대장을 위해서는 더 열심히 싸울 수 있다. 살아 돌아오지 못할 작전임에도 함께 죽는 것이 영광이라며 기꺼이 따라 나가 싸웠던 영웅들의 이야기가 많이 전해 오고 있지 않은가. 위에서 언급한 종도 이러한 마음으로 선한 주인을 위해 기꺼이 포도원에 더 충성할 수 있는 것이다. 그렇다면 우리는 이처럼 '기쁨으로 기꺼이' 맡겨진 일을 하고 있는가?

기쁨으로 기꺼이 예수를 따라가는 사람

예배란 '나는 세상 사람과 달리 예수님을 따라가는 사람입니다'를 표현하는 것이다. 예배를 통해 무엇인가를 이루려 하거나, 받은 은혜를 갚아 나간다고 생각해서는 안 된다. 예배는 그냥 순수한 표현이다. 하나님의 존재를 나타내는 표현이고 예수님의 일꾼임을 나타내는 표현이다.

천국 역시 무엇인가를 누리려고 가는 곳이 아니다. 천국은 하나님으로 기뻐할 수 있는 사람이 불려 가서 함께 사는 곳이다. 이는 가장 자연스러운 결과이다. 만약 어떤 아내가 병든 남편을 간호한다고 하자. 병간호를 통해 좋은 결과가 나타나야만 천국을 경험할 수 있는 것일까? 그 공간 안에서 남편과 함께하며 서로 아낄 수 있다면 그곳이 천국이다. 또한 보람된 무엇인가를 위해 열심히 일할 때, 그 순간순간이 바로 천국이다. 매일이 천국이 될 수 있고 작은 일도 천국이 될 수 있다. 만약 일을 다 한 후에 '결과가 왜 이것밖에 안 되는 거야' 하고 불평한다면 그것은 오히려 지옥을 만드는 일이 된다. 드라마 〈미생〉에서 장그래의 천국은 임원이 되거나 고액의 보너스를 받는 것이 아니다. 자신이 속한 팀에서 존경하는 오 차장과 계속 '함께' 일하는 것이었다.

천국은 멀리 있는 것이 아니다. 어떤 것이 해결된다고 더 좋은 천국이 찾아오는 것도 아니다. 문제에 대해 하나님이 공감해 주실 때 그것만으로도 위로가 되고 그 순간이 천국이 되는 것이다. 그런 공감이 지금 우리에게 간절히 필요하다. 우리가 거하는 지금 그 공간이 공감의 공간이 되어야 한다. 그리고 이러한 공간은 기꺼이 기쁨으로 예수님을 따르는 사람들이 만들어 갈 수가 있다. 그것이 교회다.

또한 천국이 나에게 있어 진정한 천국이 되려면 그 천국의 주인을 좋아해야 한다. 그 주인을 향해 기뻐해야 한다. 아무리 좋은 곳이라 할지라도 그 주인이 별로라면 그곳이 천국이겠는가. 우리는 하나님과 더불어 기뻐할 수 있어야 한다. 만약 어떤 무명 배우에게 유명한 연출자가 와서 작품을 같이 하자고 제안했다고 하자. 뛸 듯이 기쁘지 않겠는가. 그런데 우리는 예수님이 부르시고 함께 일하자고 제안하시는데도 그다지 기뻐하지 않는다. 그 자체가 천국의 기쁨인데 그것을 놓치고 산다. 이제 그 놀라운 기회를 붙들자. 천국의 기쁨을 이 순간에도 마음껏 누리자. 많은 사람이 기쁨으로 일할 수 있는 교회 환경을 만들어 가자.

❶ 지금 내가 교회에서 맡고 있는 일, 혹은 개인적으로 주님을 위해 하고 있는 일을 점검해 봅시다. 과연 그것이 내 욕심으로 시작한 것인지, 하나님의 인도하심에 의한 것인지 돌아봅시다.

❷ 나는 주의 일을 하면서 하나님을 향한 진정한 기쁨이 생겨나는지 생각해 봅시다. 지난날들을 돌아보며 내가 하나님으로 인해 기뻐할 때는 언제였는지 돌아봅시다.

하나님, 저는 하나님과 상관없는 일로 열심히 달려왔습니다. 하나님의 마음은 생각하지 않은 채 그저 제 만족으로 일을 시작하고 저의 이런 열정이 신앙의 한 모습인 양 자신해 왔습니다. 그러면서 혹시 그 가운데 문제가 생기거나 이렇다 할 성과가 없으면 하나님이 왜 이렇게 안 도와주시냐며 원망하기까지 했습니다. 또한 저처럼 열심을 다해 일하지 않는 지체들을 비판하기도 했습니다. 이제 그런 저의 모든 행동이 하나님께 기쁨이 되지 못한다는 것을 깨달았습니다. 그동안 저지른 저의 교만과 착각을 고백합니다. 앞으로는 '하나님이 그저 좋아서', '하나님의 기쁨이 되기 위해서' 일하는 일꾼이 되겠습니다. 그래서 결과가 어떠하든 하나님과 함께 일한다는 사실 하나만으로도 기뻐할 수 있는 그런 하나님의 사람이 되겠습니다.

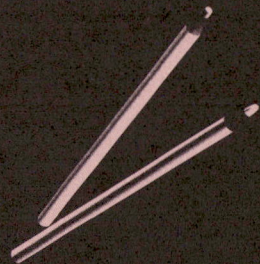

지금 마음에 기쁨이 없는가? 하나님을 믿는다고 하면서도 살면서 한숨뿐인가? 그것은 아직 믿음의 결정을 내리지 않았기 때문이다. 믿기로 결정하고 나아가면 몰랐던 것들이 보이기 시작한다. 하나님을 알아가게 된다. 그렇게 하나님을 알아갈 때 비로소 우리가 이전에는 경험하지 못했던 놀라움과 기쁨 안에 거하게 된다. 온전히 믿으면 하나님의 영광을 알고 경험하게 된다. 이것은 우리의 기쁨이 된다.

Part
02

우선순위의
교정을 위하여

11 내 믿음은 '아는 믿음'인가, '믿는 믿음'인가?

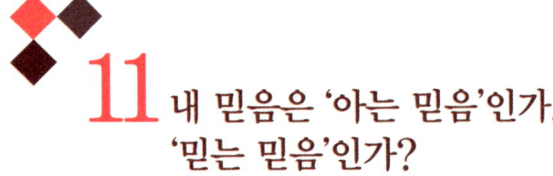

"무릇 살아서 나를 믿는 자는 영원히 죽지 아니하리니 이것을 네가 믿느냐 이르되 주여 그러하외다 주는 그리스도시요 세상에 오시는 하나님의 아들이신 줄 내가 믿나이다" 요한복음 11:26-27

목사님, 저는 하나님이 위대하시고 전지전능하심을 잘 압니다. 그런데 솔직히 알긴 알지만 당장 내 눈앞의 문제를 하나님께서 완벽히 해결해 주실 것이라고는 믿어지지가 않습니다. 믿음으로 결단하고 싶어도 무엇인가를 먼저 보여 주셔야 결단할 수 있을 것만 같아요. 어떻게 하면 아무것도 안 보이는 상황에서 하나님을 믿을 수 있나요? 저는 그것이 잘 안 되거든요. 그리고 믿음이 제 삶에서 얼마나 중요한 자리를 차지하는지도 잘 모르겠습니다. 믿음을 통해 하나님께 영광을 돌린다고 해서 제 삶에 기쁨이 넘치는지도 의문이고요. 정작 저는 삶의 문제들 때문에 버거운데 말이지요.

아는 것과 믿는 것은 엄연히 다르다

요한복음 11장에는 나사로의 죽음으로 인해 누이인 마르다와 마리아가 슬퍼하는 장면이 나온다. 예수님이 오시자 마르다는 나아가 원망한다. "마르다가 예수께 여짜오되 주께서 여기 계셨더라면 내 오라버니가 죽지 아니하였겠나이다"요 11:21 이런 원망 섞인 말을 했다는 것은 마르다에게 예수님에 대한 충분한 믿음이 없다는 것을 의미한다. 그러면서도 마르다는 예수님이 기적을 행하실 것은 안다고 말한다. "그러나 나는 이제라도 주께서 무엇이든지 하나님께 구하시는 것을 하나님이 주실 줄을 아나이다"요 11:22

우리는 여기서 '아는 믿음'의 단계에 그치고 있는 마르다의 모습을 볼 수 있다. 예수님께서 "나사로가 다시 살 것이다"라고 말씀하셨지만 마르다는 '지금 당장은 살아날 수 없을 것이다'라고 생각했기 때문이다. "예수께서 이르시되 네 오라비가 다시 살아나리라 마르다가 이르되 마지막 날 부활 때에는 다시 살아날 줄을 내가 아나이다"요 11:23-24

정리해 보면 지금 마르다의 믿음 수준은 위기 앞에서 원망하는 수준이며, 안다고는 하지만 믿지는 못하는 수준이다. 마르다는 죽은 자가 당장 살아날 것에 대해서는 믿지 못하고 있다. 예수님이 살리시는 분임을 알고는 있지만 정작 이 문제 앞에서는 믿지 못했던 것이다.

이처럼 아는 것과 믿는 것은 다르다. 우리 역시 하나님의 능력을 믿는다고는 하지만 자세히 살펴보면 그냥 아는 단계에 머물러 있는 경우가 많다. 우리의 믿음의 단계는 고난을 만났을 때 여실히 드러난다. 아는 것만으로는 진정한 믿음 생활을 할 수 없다.

'아는 믿음'에서 '믿는 믿음'으로 믿음의 단계를 점프하라

놀랍게도 마르다는 아는 믿음에서 믿는 믿음으로 바뀌는 모습을 보여 준다. "아나이다"요 11:22, 24라고 고백했던 마르다가 이제는 "이르되 주여 그러하외다 주는 그리스도시요 세상에 오시는 하나님의 아들이신 줄 내가 믿나이다"요 11:27라고 고백한다. 그때부터 행동도 바뀌기 시작한다. 아는 믿음에서 믿는 믿음으로 바뀌는 순간, 행동이 바뀌는 것이다. 불평과 원망이 감사로 바뀌는 것이다.

마르다는 믿음을 갖게 되자 그 믿음의 현장으로 마리아를 데리고 온다. 기적이 일어난 후에 마리아에게 이야기해 주어도 되지만 그보다는 '너도 와서 똑똑히 보라'는 것이다. 아직 기적이 일어나지는 않았지만 마르다는 분명히 기적을 믿었기에 말씀만 가지고도 온전히 믿고 실행한 것이다. 어떤 일을 눈으로 보고 나서 믿는 것이 아니라 아직 보지 못했지만 먼저 믿은 것이다.

한편 우리는 마르다와 마리아 자매에게 일어난 상황을 보면서 '믿음을 주시기 위한 고난'에 대해 생각해 볼 수 있어야 한다. 예수님은 나사로를 바로 살리지 않으신 것에 대해 다행한 일이라 여기셨다. 그것이 믿음을 주시는 기회가 될 수 있기 때문이었다. "내가 거기 있지 아니한 것을 너희를 위하여 기뻐하노니 이는 너희로 믿게 하려 함이라"요 11:15.

우리는 고난 앞에서 이것이 우리에게 믿음을 주시려는 고난은 아닌지 잘 살펴야 한다. 믿음을 주시려는 고난 앞에서는 상황 변화만 바라서는 안 되며 그 고난을 믿음으로 풀어야 한다. 즉 믿음을 앞에 놓고 하나님과 대화해야 한다.

반면 축복의 순간에도 그러해야 한다. 우리에게 축복이 왔을 때 간혹 빈틈이 생겨서 믿음을 포기하는 경우도 있기 때문이다. 즉 고난의 순간에도, 축복의 순간에도 더 큰 믿음을 주시기 위한 기회임을 기억하고 하나님께 더 가까이 나가야 한다.

오늘날 많은 사람이 마르다의 처음 모습처럼 기적을 찾거나 심지어 기적을 보아도 못 믿는 경우가 있다. 마치 나사로가 살았는데도 여전히 예수님을 죽이려고 노리는 사람들이 있었던 것처럼 말이다요 11:47-48.

하나님은 믿음 없는 사람이 방황할 때 슬퍼하신다. 그러나 그 사람이 믿음의 사람이 될 때 기뻐하신다. 이제 고난 앞에서 믿음을 붙들자. 그렇게 할 때 나도 살고, 다른 사람에게도 믿음을 전할 수가 있다.

결정과 기적의 순서를 교정하라

이제 순서를 바로잡아야 한다. 우리는 흔히 결단하고 결정을 내릴 때 망설이곤 한다. 뭔가 눈에 보이는 기적이 있어야 믿고 결정하겠다고 한다. 하지만 이것은 순서가 잘못된 것이다. 마르다의 변화된 모습을 기억하자. 기적을 먼저 보고 결정하는 것이 아니라 결정을 하고 기적을 보는 것, 이것이 바로 믿음이다.

그러기 때문에 우리의 결정하는 속도 역시 빨라져야 한다. 망설일 필요가 없다. 만약 우리가 결정을 속히 내린다면 하나님께서도 적극적으로 도와주실 것이다. 또한 그런 결정과 믿음이 있을 때 우리는 하나님의 영광을 볼 수 있다.

마찬가지로 하나님께서 우리 삶에 기쁨을 먼저 주셔야 하나님을 더 잘 믿게 되는 것이 아니다. 믿음으로 결정하면 그때 기쁨이 임하는 것이다. 이 기쁨은 세상적이고 조건적인 기쁨이 아니다. 하늘의 기쁨이다. 혹시 지금 마음에 기쁨이 없는가? 하나님을 믿는다고 하면서도 살면서 한숨뿐인가? 그것은 아직 믿음의 결정을 내리지 않았기 때문이다. 믿기로 결정하고 나아가면 몰랐던 것들이 보이기 시작한다. 하나님을 알아가게 된다. 그렇게 하나님을 알아갈 때 비로소 우리가 이전에는 경험하지 못했던 놀라움과 기쁨 안에 거하게 된다.

또한 온전히 믿으면 하나님의 영광을 알고 경험하게 된다. 이것은 우리의 기쁨이 된다. 사실 이 말은 그동안 익히 들어 온 익숙한 말일 수 있다. 그러나 이 말을 실감하는 사람은 드물다. 그렇다면 하나님의 영광이 왜 우리의 기쁨이 된다는 것일까?

몇 해 전 선풍적인 인기를 끌었던 〈나는 가수다〉라는 TV 프로그램을 예로 들어 보자. 그때 주목받지 못했던 실력파 가수들, 잊혔던 가수들이 그 프로그램을 통해 다시금 인기를 누리며 제2의 전성기를 맞곤 했다. 당연히 그들은 새로운 행복을 느끼게 되었을 것이다. 그런데 그들 중 일부가 '행복한 이유'에 대해 공통적인 사연을 내놓았는데 그것은 바로 다른 이유가 아니라 "내가 가수로서 유명해지자 나의 아이들이 행복해한다"는 것이었다. 이전까지는 부모의 직업이 가수여도 이름 없는 가수라 아이들에게는 별 감흥이 없었는데 이제 유명해지자 반 친구들이 부러워하고 아이들 자신도 부모를 자랑스러워한다는 것이다. 그렇게 자녀가 행복해하니 그 가수들도 당연히 행복할 수밖에 없다고 했다.

마찬가지다. 아버지의 영광을 알면, 아버지가 자랑스러우면 자녀는 행복하다. 우리 역시 진정으로 하나님의 영광을 알고 체험한다면 그분의 자녀로서 기쁘고 행복할 수밖에 없다. 그리고 그 영광을 알고 체험하는 것은 다름 아닌 온전한 믿음에 근거한다. 온전히 믿을 때 하나님의 영광을 볼 수 있다.

❶ 말로는 하나님의 영광이 내 삶의 목표라고 하면서, 정작 좋은 일이 생겼을 때 내가 잘했기 때문이라고 말하며 그 영광을 대신 차지하려고 한 적은 없었는지 돌아봅시다.

❷ 기적이 필요한 상황에서 하나님께 어떤 식으로 기도하고 있는지 생각해 봅시다. 무작정 기적을 보여 달라고 기도하는지, 기적을 베푸실 주님을 온전히 믿고 신뢰하겠다고 기도하는지 돌아봅시다.

하나님, 그동안 저는 하나님의 능력을 안다고 하면서도 정작 그 능력이 제 삶 가운데 위대한 영향력을 미칠 것이라는 사실은 믿지 못했습니다. 그래서 성도라고 하면서도 때로는 비신자와 별 다를 바 없는 마음을 가졌습니다. 이제 하나님을 무조건 믿고 따르길 소원합니다. 기적이 나타나야 믿겠다는 철없는 생각을 버리고 고난이 왔을 때 더욱 믿음의 자리로 가까이 나아가겠습니다. 또한 이제 하나님의 영광이 제 삶에 있어서 최고의 기쁨임을 기억하겠습니다. 저의 아버지 되신 하나님이 가장 위대하시다는 그 사실을 삶 속에서 실감하며 살아가겠습니다.

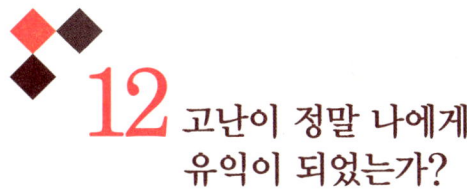

12 고난이 정말 나에게 유익이 되었는가?

"내가 불러도 그들이 듣지 아니한 것처럼 그들이 불러도 내가 듣지 아니하리라 만군의 여호와가 말하였느니라" 스가랴 7:13

목사님, 요새 일이 정말 안 풀립니다. 주변에서 스트레스 주는 사람도 많고, 일은 일대로 안 되고, 성과도 없고 정말 답답합니다. 그럴 때마다 하나님은 뭐 하시나 싶고, 왜 이렇게 열심히 사는 저를 안 도와주시는지 정말 따지고 싶어요. 그러다가도 그냥 운명이려니 하며 자포자기할 때도 있습니다. 그리고 하나님이 내 삶의 주인이라기보다는 내 삶을 서포트해 주고, 그때그때 필요한 것을 채워 주는 대상으로 여겨질 때가 많습니다. 조금 더 솔직히 표현하자면 내 삶을 위해 잘 이용해야 할 대상으로 여겨진다고나 할까요? 그래서 일이 안 풀리면 더 짜증이 나는 것 같습니다.

무언가가 순조롭지 않을 때 분명히 알아야 할 것

살다 보면 일이 잘 풀리지 않을 때가 있다. 분명히 열심히 노력했는데도 자꾸 일이 꼬이기만 한다. 이때 우리는 '하나님이 내게 왜 이러실까'를 생각한다. 단지 하나님의 뜻이 궁금해서 그러는 것이 아니라 원망이 이미 자리를 잡은 것이다.

하지만 우리는 지금 잊고 있는 것이 있다. 이 모든 고민보다 앞선 것, 바로 우리가 생명의 빚을 지고 있다는 사실이다. 우리는 하나님께 생명을 받고 구원의 은혜를 통해 영원히 살 길을 얻었다. 그것만으로도 놀라운 은혜를 누리고 있는데 이런 것은 전혀 생각하지 못한 채 당장 눈앞의 일이 잘 풀리지 않는다고 하나님을 원망하고 있는 것이다. 원망하기 전에 반드시 우리가 가장 큰 은혜를 누리고 있다는 사실을 기억해야만 한다.

우리가 고난 앞에서 원망부터 하지 않으려면 고난의 출처에 대해서도 분명히 알아야 한다.

첫째, 사탄이 주는 고난이 있다. 사탄은 고난을 통해 하나님의 자녀가 무너지길 바란다. 그와 동반해서 무너질 다른 사람들이 많이 생기기를 바란다. 그래야 하나님과 대적할 수 있기 때문이다.

둘째, 인간의 나약함으로 인해 고난이 올 수 있다. 시공간의 제약 속에서 살아가는 우리는 그 가운데서 조금이라도 빨리 가기 위해 비행기나 차를 만들었다. 그런데 아이러니하게도 우리는 이런 것들 때문에 죽기도 한다. 그뿐만 아니라 우리는 모든 질병을 다 극복할 만한 힘도 없다. 정치·사회적으로도 마찬가지다. 우리는 행복을 위해 자본주의, 민주주의를 만들고 택했다. 하지만 이런 사회에서도 힘들고 고통스럽게 살아가는 사람들은 여전히 많다. 모두 자본주의, 민주주의를 좋은 사회라고 말하지만 사람들 중 51%만 만족해도 그 사회는 성공적이라고 말하는 것이 민주주의의 한계다.

셋째, 하나님이 주시는 고난이 있다. 이러한 고난을 이겨 내면 영광으로 전환이 된다. 하나님의 영광이 드러난다. 그 놀라운 사실을 깨닫게 된다면 또 다른 축복을 경험하게 된다.

고난 중에 그리고 고난 전후에 우리가 가져야 할 자세는

고난에 대해 말할 때 세상 일부에서는 운명론을 말한다. 심지어 하나님을 믿는다고 하는 사람들 가운데서도 고난을 운명론적으로 푸는 사람이 있다. '하나님이 정해 놓으신 운명이 있으려니' 생각하면서 자포자기하는 것이다. 혹은 '하나님의 뜻이려니' 하며 모든 것을 합리화시키기도 한다. 이러한 태도는 사탄이 매우 환영한다. 고난은 운명적인 것이 아님을 기억해야만 한다. 굳이 운명을 이야기한다면 '하나님의 자녀가 되는 운명이 모두에게 있다'는 사실 정도뿐이다.

이스라엘 백성은 70년간 포로로 끌려가 어려움을 당했다. 그런데 이것은 과연 이스라엘의 운명이고 하나님이 이미 정해 놓으신 것일까? 하나님이 계획하신 것이기에 어쩔 수 없다고밖에 말할 수 없는 것인가? 결코 그렇지 않다. 이것은 분명 인간이 그렇게 몰아간 것이다. 하나님은 선지자를 통해 수없이 기회를 주셨다. 하지만 그들이 하나님의 뜻을 저버렸기 때문에 그런 일이 생긴 것이다. 그런 일이 반복적으로 이루어지는 가운데서 하나님과 이스라엘 백성의 사이도 좋아질 수가 없었고, 하나님과 대화하는 것 역시 불가능해졌다. 그들은 알면서도 거부했고 귀 기울이지 않으려고 마음을 돌같이 굳게 했다슥 7:11-12. 이처럼 하나님을 무시하면 하나님은 벌이라도 주어 고쳐 놓으실 수밖에 없다. 그렇게 이스라엘 백성은 스스로 좋지 않은 미래를 만들어 갔고 자신들의 돌같은 마음으로 인해 인생을 망쳐 갔다. 그러기에 우리는 고난을 솔직하게 직면할 수 있어야 하고 그 가운데서 우리를 향한 하나님의 뜻을 제대로 발견할 수 있어야만 한다.

그런데 이처럼 고난 중에 하나님을 의지하여 이겨 내는 것도 중요하지만 그보다 더 중요한 것이 있다. 바로 우리가 평안할 때, 혹은 고난이 끝났을 때에도 하나님을 의지해야 한다는 것이다. 이것이 진짜 실력이다. 고난이 오기 전 평안할 때 하나님의 말씀과 뜻을 가슴에 잘 새겨 놓아야만 막상 고난이 닥쳐와도 거뜬히 이겨 낼 수가 있다. 또한 고난이 끝났다면 우리는 고난 중에 깨달은 바대로 살아야 한다. 간혹 고난은 잘 이겨 냈는데 정작 그 이후에 쓰러지는 사람들이 있다. 고난 중에 얻은 하나님의 교훈대로 살지 않는 사람들이다. 그러므로 우리는 고난이 오기 전에 그리고 고난을 이겨 낸 후에 더욱 정신을 차려야 한다. 그래야 모든 수고가 영광으로 귀결된다.

돌 같은 마음을 버리고 진리의 말씀에 동의하라

이스라엘 백성을 비롯하여 많은 성도가 고난 앞에서 "돌 같은 마음을 품은 적 없다"고 말한다. 그러나 자신을 위해 살겠다고 자신이 만든 방법을 고수하는 것이 바로 돌 같은 마음을 품는 것임을 알아야 한다. 이스라엘 백성은 포로기 70년간 다섯째 달과 일곱째 달에 금식했다속 7:5. 그러나 그들의 마음은 고쳐지지 않았다. 자신을 위한 금식이었기 때문이다.

자신만을 위해 사는 사람은 교회도 이용하기 위해 다닌다. 타국에서 생활하는 유학생을 보면 외로운 타지에서 맛있는 음식도 먹고 한국인들과 서로 교제하고 도움을 얻기 위해 교회를 찾는 경우가 있다. 물론 그렇게라도 찾아오면 감사한 일이고 그런 과정에서 복음을 접할 수 있다면 얼마든지 교회를 이용하라고 해야 할 일이지만, 이런 마음은 이민 교회뿐만 아니라 한국 교회에서도 쉽게 찾을 수 있다. 큰 교회를 찾는 마음속에서도 이런 생각이 없다고 과연 말할 수 있나? '무엇을 받으러', '무엇이 필요해서'라는 마음으로 교회를 옮기고 찾는 기신자를 우리는 이미 수도 없이 보아 왔다.

우리에게 정말 필요한 것은 진리의 말씀에 동의하는 것이다. 진리의 말씀에 동의하지 않으면, 즉 그 말씀이 자기 것이 되지 않으면 하나님을 이용만 하게 된다. 하지만 그렇게 돌 같은 마음으로 하나님을 이용하면 하나님도 우리를 저버리실 수 있다. 저버리신 기간 동안 인간은 늙어 죽는다. 우리가 고생하며 쏟아부었던 현장을 축복하신다는 약속도 유보된다. 어떤 하나님을 만나느냐 하는 것은 우리에게 달려 있다. 축복의 하나님을 만나려면 자신의 삶을 내려놓고 하나님을 따라가야 한다. 하나님이 축복하시고 싶을 때 축복할 수 있도록, 응답하시고 싶을 때 응답할 수 있도록 길을 열어 드리는 자가 하나님의 기쁨이 된다.

마음 들여다보기

❶ 최근에 나의 잘못으로 인한 고난 앞에서 '이조차도 하나님의 뜻이려니' 하고 생각하며 합리화하지는 않았는지, 진실한 회개조차 하지 않고 넘어가지는 않았는지 돌아봅시다.

❷ 지금 내가 왜 교회를 다니는지 그 이유를 정직하게 생각해 봅시다. 내 유익을 위해 교회 또는 하나님을 '이용'하고 있는 것은 없는지 생각해 봅시다.

하나님만 바라보기

하나님, 그동안 저는 고난 앞에서 하나님을 원망부터 했습니다. 제가 저지른 일들은 생각지 못한 채 투덜대기에 바빴습니다. 그리고 더 나은 길로 인도하시기 위한 고난 앞에서도 하나님의 마음을 이해하지 못한 채 불평하기에 여념이 없었습니다. 하나님의 뜻에 제 마음을 맞추려 하기보다는 제 뜻에 하나님을 맞추려고만 했습니다. 이제 하나님을 제 삶의 도구로 사용하지 않고 제가 하나님의 도구가 되고 싶습니다. 진리의 말씀 가운데 제 자신을 세우고 하나님의 사람으로서 하나님의 뜻을 주위에 전하는 사람이 되고 싶습니다. 또한 고난이 없어도, 고난 중에도, 또 고난이 끝난 후에도 늘 저를 사랑하시고 함께해 주시는 하나님을 끝까지 붙들겠습니다.

13 내 믿음의 모퉁잇돌은
나의 '열심'인가, '예수님'인가?

"예수께서 이르시되 너희가 성경에 건축자들이 버린 돌이 모퉁이의 머릿돌이 되었나니 이것은 주로 말미암아 된 것이요 우리 눈에 기이하도다 함을 읽어 본 일이 없느냐" 마태복음 21:42

목사님, 저는 신앙생활을 정말 열심히 합니다. 하나님을 받아들인 지 올해로 27년이 되었고 현재 교회 안의 봉사 팀에서 리더도 맡고 있습니다. 그런데 봉사 팀에서 자꾸 말썽을 일으키는 사람 때문에 속상합니다. 저와 의견 충돌이 있을 때도 잦고 그것이 말다툼으로 번질 때도 있습니다. 처음에는 사람들 이목도 있고 해서 제 이미지를 유지하느라 다 참아 주곤 했는데 이제는 저도 그냥 할 말을 다 하게 됩니다. 좋은 마음으로 봉사하려고 왔는데 왜 이렇게 문제가 생기는 것일까요? 사실 저는 이제껏 주일성수를 지키지 않은 적이 없습니다. 그런데 그 사람이 보기 싫어서 어떤 때는 교회에 나가고 싶지 않을 때가 있습니다. 교회에 가면 그 사람과 또 부딪칠 것이 뻔하니까요. 저의 신앙생활까지 방해하는 그 사람이 너무 밉고 원망스럽습니다.

믿는 것이 쉬운 사람, 어려운 사람

예수님을 믿는다는 것은 과연 쉬운 일일까? 이 질문에 대한 답은 간단하다. 쉬운 사람에게는 쉽고, 어려운 사람에게는 어렵다. 더 심하게 말하면, 예수님을 믿을 수 없는 사람도 있다. 그렇다면 왜 누구에게는 쉽고, 누구에게는 어렵고, 누구에게는 아예 안 되는 것일까?

예수님을 믿기 어려운 이유는 바로 사람들에게는 자신도 조절할 수 없는 부분이 있기 때문이다. 분명 자기에게 속해 있지만 자기 마음대로 통제할 수 없는 것들이 있다. 전염병이 심하게 도는 곳에서도 끝까지 살아남는 사람은 분명히 있다. 또한 심장에 이상이 왔을 때 심장이 금세 멈추는 사람이 있는가 하면 끝까지 맥을 놓지 않고 뛰는 사람도 있다. 이렇듯 사람에게는 자신의 능력으로는 어찌할 수 없는 영역이 있는데, 믿음도 바로 그렇다. 내가 믿는 것이지만 정작 내 마음대로, 내 뜻대로는 되지 않는다. 믿음은 일종의 마음의 작용이기 때문에 누군가에게는 신앙생활이 쉽지만 누군가에게는 몹시 어려울 수밖에 없는 것이다. 우리가 흔히 영적 천재라고 부르는 사람들이 나오는 것을 보라.

그런데 자세히 살펴보면 믿음 생활이 어려운 데에는 특별한 이유가 있다. 바로 그동안 사탄의 가르침을 받아 왔기 때문이다 요 8:44. 사탄의 자식으로서 사탄의 가르침을 먼저 배웠다면 예수님 믿기가 더 어려울 수밖에 없다. 예수님이 가르쳐 주시는 진리와 충돌하는 것이 참으로 많기 때문이다. 그래서 '무엇을 먼저 배웠느냐' 하는 것은 정말 중요하다. 구원은 '아버지를 바꾸는 과정'이라고도 할 수 있다. 지난 시절 나를 지배하고 가르쳤던 사탄 대신 하나님을 아버지로 모시는 과정이 분명히 있기 때문이다.

'열심'과 '믿음'은 동의어가 아니다

하지만 자신이 지금 예수님을 잘 믿고 있다고 해서 이러한 사실을 다른 사람 얘기로만 받아들여서는 안 된다. 지금 당장은 신앙생활을 잘하고 있는 것 같더라도 어려운 상황과 때를 만날 수 있기 때문이다. 많은 사람이 자신을 들여다보지는 않은 채 무조건 돌진하기만 한다. 그저 열심히 하고 꾸준히 하면 되는 줄로 안다. 그런데 문제는 시작이 불안정한 상태에서 무조건 몰아붙이기만 하면 시간이 흐르면서 안 좋은 상태로 고착되어 버리고, 사탄은 이런 상태를 아주 좋아한다는 것이다.

우리는 '열심'과 '믿음'이 엄격히 다른 것임을 기억해야 한다. 교회 안에서도 싸움이 일어나고 시기와 질투가 있는 것을 우리는 수없이 보았다. 심지어 열심을 다해 오랜 기간 신앙생활을 한 사람들 사이에도 불화와 싸움이 일어나는 것을 본다. 이것은 마음에 복음이 먼저 들어와서 완전히 점령하지 못했기 때문이며, 자기가 죽고 우선순위가 바뀌는 과정이 아직 덜 완성되었기 때문이다. 복음이 나를 사로잡게 되면 나라는 사람은 무조건 예수님을 믿고 따를 수밖에 없는 존재, 예수님이 이끄시는 대로 나아가는 것이 '쉬운' 존재가 된다. 하지만 그런 고민이나 과정 없이 무조건 열심히만 하다 보니 부작용이 드러나는 것이다. 만약 이런 상태에서 어떤 문제가 생기게 된다면 예수님의 이끄심을 따르지 못하고 인간적인 방법으로 해결하려고 하다가 좌절하게 되고 결국 복음과 헤어지게 될 수 있다.

나의 모퉁잇돌이 예수님이 아니라면

우리는 새 포도주는 새 부대에 담아야 한다는 것을 명심해야 한다. 무심코 헌 부대에 담았다가는 부대가 터져서 포도주가 다 쏟아지게 된다. "새 포도주를 낡은 가죽 부대에 넣지 아니하나니 그렇게 하면 부대가 터져 포도주도 쏟아지고 부대도 버리게 됨이라 새 포도주는 새 부대에 넣어야 둘이 다 보전되느니라"마 9:17 또한 낡은 옷에 새 천으로 잘못 덧대면 옷이 더 해지게 된다고 말씀하셨다. 새로 덧댄 천이 낡은 옷을 잡아당기기 때문이다. "생베 조각을 낡은 옷에 붙이는 자가 없나니 이는 기운 것이 그 옷을 당기어 해어짐이 더하게 됨이요"마 9:16 우리의 믿음도 마찬가지다. 믿는 것이 어려운 상태인데도, 진리의 말씀을 쉽게 받아들이지 못하는 상황인데도 이를 바꾸지 못한 채 계속해서 새로운 말씀만 찾아 듣고, 새로운 믿음만 받아들이려고 한다면 문제는 더욱 커진다.

예수님을 믿는다는 것은 하나님의 방법에 따라, 하나님의 순서와 계획에 따라 믿는 것이다. 열심을 내고 싶다 할지라도 조심해야 하고, 좋은 생각이라 할지라도 검증을 받아야 한다. 곧 우리의 존재 자체가 죄악이었음을 기억하고 지속적으로 죽을 때까지 검증받아야 한다.

건축과 비교하면 더 잘 이해할 수 있다. 모퉁잇돌을 놓을 때 이미 세워 놓은 계획과 목적, 가치에 맞추어 놓아야 집이 견고하게 지어지는 것이지 무계획이거나 어긋난 상태로 돌을 놓으면 부실 공사가 된다.

예수님과 함께 집을 짓지 않으면 결국에는 다 무너진다엡 2:19-22. 예수님이 기초가 되어야 하고 예수님과 서로 연결되어 함께 지어져야 한다. 나의 모퉁잇돌이 예수님이 아니라면, 다 허물고 처음부터 다시 시작해야 한다.

❶ 교회에서 나에게 거슬리는 행동을 하는 성도나 거슬리는 일들이 나타날 때 나는 어떻게 반응하는지 생각해 봅시다.

❷ 나는 신앙의 기초에 문제가 없다고 생각하지는 않는지, 하나님의 어떤 말씀이면 100% 믿을 수 있다고 생각해 왔는지 정직하게 돌아봅시다.

하나님, 저는 그동안 교만했습니다. 신앙생활을 열심히 하고 있으니 아무런 문제가 없다고 생각했습니다. 그래서 신앙생활을 하다가 혹은 일상생활 가운데 어떤 문제가 생기면 남 탓부터 했습니다. '나같이 열심히 사는 사람한테 왜 이런 일이 생기는 거지' 하고 억울해 하면서 말입니다. 정작 저의 모습에 문제가 있다는 것은 발견하지 못했습니다. 온전히 하나님 아버지의 자녀가 되어 아버지가 주신 말씀에 기초했다면 문제도 하나님의 방법대로 해결해 나갔을 텐데, 저는 아직도 제가 제 삶의 주인이었습니다. 이제 진정으로 하나님 아버지만을 제 아버지로 모시고 싶습니다. 예수님만을 저의 구주로 삼아 따르고 싶습니다. 아직 쉽게 믿어지지 않음에도 믿음이 좋을 거라고 자만했던 저의 지난날의 착각을 던지고, 겸손히 하나님께서 저를 바꾸시기를 기다리겠습니다.

14 나를 드러내기 위해 하나님을 이용하지는 않는가?

"시몬 베드로가 이를 보고 예수의 무릎 아래에 엎드려 이르되 주여 나를 떠나소서 나는 죄인이로소이다 하니" 누가복음 5:8

목사님, 저는 하나님을 믿기 전만 해도 어려움이 참 많았습니다. 외형적으로나 내면적으로나 내세울 것이 하나도 없었습니다. 그런데 하나님을 믿고 신앙생활을 하면서 정말 많이 바뀌었습니다. 일도 잘 풀리고 마음에 여유도 생겼습니다. 경제적으로 여유로워지니 외모도 예전보다 잘 가꾸게 되어 사람들에게 좋은 소리도 많이 듣게 됩니다. 사실 예전에는 십일조를 낼 때마다 부담이 되었는데 이제는 더 내면 더 냈지 안 내거나 적게 내지 않습니다. 그래서 이렇게 변화된 모습을 여러 사람에게 간증하곤 하는데 그럴 때마다 하나님보다는 제 자랑이 앞서는 것만 같습니다. 그럼에도 궁상맞았던 예전의 제 모습을 알고 있는 사람들에게 내가 이렇게 멋지게 변했노라고 말하고 싶습니다. 저는 이제 변화되어 이렇게 잘살고 있는데 간혹 목사님이나 전도사님이 저에게 고쳐야 할 점들에 대해 조심스럽게 조언해 주실 때면 솔직히 기분이 상하곤 합니다. 인정은 하면서도 받아들이기가 싫고 한 귀로 흘려보내고만 싶습니다.

교만함이 가져다주는 배척

제사장과 바리새인들은 예수님을 늘 경계했다. 예수님이 진리의 말씀을 하셔도 미워하고 잡으려고만 했다. 다만 예수님을 따르는 사람들 때문에 눈치가 보여 잡지 못했을 뿐 마음속으로는 이미 몇 번이고 예수님을 잡아들였다. 하나님을 잘 섬기고 성경에 대해서도 많이 안다던 그들은 왜 그런 반응을 보인 것일까? 그들은 자신들의 종교 국가를 공고히 세우고 싶어 했기 때문이다. 하나님을 빌미로, 하나님을 도구로 자신들의 뜻을 이 세상에서 실현하고 싶었던 것이다. 그런데 예수님은 그 제사장과 바리새인들이 오히려 하나님의 나라를 빼앗길 것이라고 말씀하셨다 마 21:43. 그러니 그들 입장으로는 예수님을 미워하는 것이 당연했다.

그들의 마음은 예수님의 말씀을 받아들이기 힘든 돌밭이었다. 그들은 가르침을 받기에는 이미 너무나 강퍅해져 버렸기에 예수님의 말씀이 자신들을 겨냥한 것임을 알자 회개하기보다는 먼저 분노했다. 예수님의 말씀을 도저히 인정할 수 없었고, 그래서 결국 예수님을 죽일 마음마저 갖게 되었다.

이처럼 자기 생각을 지키려는 사람은 예수님의 말씀을 거부하고 배척한다. 그런데 이러한 사람들이 모이면 문제는 더 커진다. 많은 사람이 모여서 함께 말씀을 거부하기 때문이다. 나쁜 뜻에 동의하는 사람들이 무리 지어 함께 멸망의 길을 걷는 것이다. 예수님은 이들을 보면서 얼마나 마음이 아프셨을까? 아무리 가르쳐 주어도 받아들이기는커녕 배척하고 대적하는 사람들 앞에서 얼마나 답답하셨을까?

"나는 좋은 사람이야" vs. "나는 죄인이로소이다"

제사장과 바리새인들의 모습을 보면서 참 이해 안 되는 사람들이라고 답답하게 여길 수 있을 것이다. 그러나 사실 우리도 그들과 별반 다를 것이 없다. 그나마 그들은 예수님을 선지자로 알고는 있었기에 무서워할 줄은 알았다 마 21:46. 그런데 오늘날 우리는 어떠한가? 무서워할 줄도 모르고 겁도 없다. 심지어 말씀을 보고도 자신과는 아무런 상관이 없다는 생각까지 한다.

우리도 우리의 강퍅한 모습을 발견할 줄 알아야 한다. 나의 존재가 어떠한지 바로 알고, 회개할 것은 바로 회개해야 한다. 베드로가 예수님과 처음 만났을 때를 생각해 보자. 예수님은 베드로를 찾아오셨고 그물이 찢어지도록 많은 고기를 잡게 하셨다. 그런데 이때 베드로의 반응은 어떠했는가? 보통 사람이라면 이렇게 고기를 많이 잡게 해주었으니 앞으로도 같이 일하면 좋겠다는 생각을 할 수도 있을 것이다. "함께 일 좀 합시다" 하며 예수님을 이용하려 들 수도 있었을 것이다. 그런데 베드로는 갑자기 예수님의 무릎 아래 엎드려 "주여 나를 떠나소서 나는 죄인이로소이다"눅 5:8라고 고백했다. 베드로는 예수님의 말씀을 거부하고 우습게 보다가 낭패를 본 상태도 아니었다. 오히려 그는 예수님이 오른쪽으로 그물을 던지라고 하실 때 "말씀에 의지하여 내가 그물을 내리리이다"눅 5:5 하며 갑작스러운 명령에도 그대로 순종했다. 그럼에도 그는 겸손하게 예수님 앞에 자신의 존재를 밝혔다. 예수님은 이러한 베드로의 모습을 좋아하셨다. 회개할 수 있는 사람이기 때문이다. 베드로는 자신의 죄인 됨을 고하며 자신은 부족하여 예수님과 함께할 수 없는 존재라고 생각했지만, 결국 그는 예수님의 수제자로서 예수님과 함께하게 되었다.

간혹 "나는 좋은 사람이야" 하면서 자신의 우월함을 보여 주기 위해 신앙생활을 하는 사람들이 있다. 과거의 모습에서 벗어나 새 삶을 살게 된 것을 자랑하려고만 하는 것이다. 예수님을 믿는 것을 자랑하고 간증하고 싶다면 자기가 과거에 어떠했는지 아는 것에서부터 예수님으로 인해 어떻게 변화되었는지를 자연스럽게 드러내야 한다. 신앙생활이란 예수님께서 살아 계심을 증명하는 것이지, 예수님을 빌미로 자기가 얼마나 좋은 사람인지 말하는 것이 아니기 때문이다.

예수님을 이용하여 나를 드러내고 인정받는 삶

예수님은 부자들의 헌금을 인정하지 않으셨다눅 21:1-3. 그들은 비록 헌금을 많이 했지만 겸손한 마음으로 하지 않고 거들먹거렸기 때문이다. 그들은 헌금하지 않는 사람이나 적게 하는 사람과 자신들은 차원이 다르다고 생각했고 헌금을 통해 자신들의 우월함을 증명하려고 했다.

그러나 예수님은 두 렙돈을 넣은 과부의 헌금을 기뻐하셨다. 과부는 자신을 증명하려 하지 않았고 오히려 부족함을 주님께 의지하려고 했다. 또한 하나님의 나라가 있음을 전제하고 자신이 가진 모든 것을 넣었다.

사실 돈을 대하는 자세는 매우 중요하다. 돈을 예배하고, 따르고, 사랑하던 자들이 예수님을 믿고 나면 돈에 대한 개념이 변화되기 때문이다. 만약 제대로 천국을 발견한 사람이라면 돈의 씀씀이부터 바뀐다. 그러나 예수님을 믿고도 자기가 잘되기를 바라는 사람은 돈의 씀씀이가 바뀌지 않는다. 돈도 자기 것이고, 은혜도 자기 것이고, 천국도 자기 것이고, 축복도 자기 것이기 때문이다. 그러면서 그런 자신을 드러내려고만 한다.

다시 두 렙돈을 헌금한 과부를 생각하라. 자신을 위해 헌금하면서 그 행위까지도 자랑하는 부자와는 달리 과부는 자신이 가진 모든 것을 겸손히 바쳤기에 "다른 모든 사람보다 많이 하였다"눅 21:3고 인정받았다. 그러니 돈 벌게 해주시면 더 많이 하겠다는 말은 지혜로운 발언이 아니다.

우리는 어떠한가? 나의 신앙생활을 자랑하려 하고 그것도 모자라 더 나은 자신을 만들고 싶어서 예수님을 이용하고 있지는 않는가? 그러다가 내가 불리하고 창피한 상황이 되면 신앙을 버리려 하고 예수님을 외면하지는 않는가? 경제 원리로 신앙생활을 하는 사람, 즉 가장 적게 투자하고 가장 많이 건지려는 사람은 아닌가? 경제 원리를 사랑에 적용하면 얌체라는 사실만 드러난다. 하지만 참신앙에서 비롯된 사랑은 물불을 가리지 않는다. 자신의 의지와 별개로 저절로 되기 마련이다.

이제 나 자신을 좋은 사람이라고 자신하거나 증명하려 하지 말고 더 나은 자신을 만들려고 예수님을 이용하지도 말자. 나는 예수님으로 인해서만이 살 수 있는 존재이고 예수님이 아니면 아무것도 아닌 존재임을 인정하며 나아가자. 그리고 예수님을 증명하는 것을 삶의 목표로 삼자. 그리할 때 예수님이 우리의 삶을 온전히 장악하실 수 있다.

❶ 하나님께서 나에게 부어 주신 은혜에 대한 간증을 한다고는 하지만 그 가운데서 나 자신의 성공을 자랑하려고 하지는 않았는지 돌아봅시다.

❷ 내 마음에 걸림이 있는 말씀을 들었을 때 "아멘" 하고 받아들이기보다는 '내가 왜 회개해야 해?', '내 얘기는 아닐 거야' 하며 외면하고 배척하지는 않았는지 돌아봅시다.

하나님, 저는 말씀을 듣다가 마음에 걸림이 있어도 회개하지 않았습니다. 분명 저를 향한 말씀인 줄 알면서도 인정하기 싫었던 것입니다. 그러면서 저는 문제없다고만 생각했고 저의 부족함을 꺼내 놓기는커녕 겉으로 드러나는 좋은 모습만 과시하려고 했습니다. 정말 허세 가득한 모습으로 신앙생활을 해왔던 것입니다. 이제 하나님 앞에 온전히 회개하고, 저를 나타내고 말씀을 거부했던 모습을 바꾸어 나가겠습니다. 그리고 사람들 앞에서도 변화된 제 모습을 자랑하려고 하지 않고, 오로지 저를 변화시키고 지금도 인도하고 계시는 하나님을 증거하는 데에만 힘쓰겠습니다.

15 물질에 대해 어떤 확신을 가지고 있는가?

"시험하는 자가 예수께 나아와서 이르되 네가 만일 하나님의 아들이어든 명하여 이 돌들로 떡덩이가 되게 하라 예수께서 대답하여 이르시되 기록되었으되 사람이 떡으로만 살 것이 아니요 하나님의 입으로부터 나오는 모든 말씀으로 살 것이라 하였느니라 하시니" 마태복음 4:3-4

목사님, 저는 돈과 관련된 문제 앞에서 마음의 갈피를 잡지 못할 때가 많습니다. 돈이 그 어떤 것보다 중요하다는 생각이 쉽게 바뀌지를 않습니다. 하나님께 집중하고 물질에 너무 매여 있지 않겠다고 다짐하면서도 늘 작심삼일일 뿐입니다. 그렇다고 부귀영화를 누리자고 그런 것은 아닙니다. 다만 우리 가족이 부족하지 않게 살기 위한 것입니다. 그런데 설교 시간에 하나님만을 믿으며 세상 것에 관심을 두지 말라는 말씀을 들을 때마다 갈등이 생깁니다. 저의 이런 모습이 과연 괜찮은 것인지, 문제라면 어떻게 바꾸어야 할지 잘 모르겠습니다.

확신을 갖게 할 만한 유일한 것은

사람이 올바른 신념을 확고하게 갖는다는 것은 어려운 일이다. 젊어서 한때 순수와 무지가 만나 그럴 수도 있지만 시간이 흐르다 보면 쉽게 변질되는 것이 바로 사람의 마음이다. 어느 순간 신념을 향해 돌진하기보다는 우회하게 되고, 그 자리에 안주하려고만 한다. 그냥 남이 시키는 대로, 남이 행동하는 대로, 문제가 일어나지 않게끔만 하면 된다고 생각한다. 그것이 내가 할 수 있는 최선이 되어 버린 것이다. 그런데 이것은 단순히 시간이 지나고 나이를 먹어 감에 따라 안일해졌기 때문에 생기는 것만이 아니다. 또한 환경적인 요인 때문만도 아니다. 그들에게는 바른 신념과 그것을 유지할 만한 확신이 없었기 때문이다.

미국 드라마 〈24hours〉의 주인공 키퍼 서덜랜드Kiefer Sutherland의 외조부인 토미 더글러스Thomas Douglas, 캐나다의 정치가이자 침례교 목사. CBC '가장 위대한 캐나다인'에 선정에 의해 유명해진 '마우스랜드'라는 재미있는 우화가 있다. 작은 쥐들이 살아가는 '마우스랜드'는 5년마다 선거를 통해 새 지도자를 뽑았는데, 그들이 매번 뽑은 지도자는 쥐가 아니라 뚱뚱한 검은 고양이였다. 이 검은 고양이 지도자는 고양이에게는 유리하지만 쥐에게는 불리한 법만 만들었다. 이에 살기가 힘들어진 쥐들은 선거를 통해 검은 고양이를 밀어내고 새 지도자를 뽑았는데, 쥐들이 뽑은 새 지도자는 다름 아닌 흰 고양이였다. 흰 고양이 역시 고양이가 쥐를 쉽게 잡아먹기 위한 법만 만들자 쥐들은 다시 검은 고양이를 선출하고,

그다음 선거에는 또다시 흰 고양이를 선출하기를 반복했다. 이에 불만을 느낀 쥐 한 마리가 "왜 우리는 쥐들로 이루어진 정부를 만들지 않는 거지?" 하고 말했다. 그러자 다른 쥐들은 그 쥐를 공산당원이라 몰아세워 감옥에 가두고 말았다. 이 우화처럼 정치인을 새로 뽑는다고 해서 해결되는 것은 하나도 없다. 고양이는 고양이를 위해서 살 뿐이고, 쥐는 쥐로서의 인생을 살 뿐이다.

이 이야기는 세상 사람들이 흔히 가장 크고 중요한 일이라고 확신하는 국가적, 정치적, 번영의 실상을 알려 준다. 나름대로 확신을 가지고 정치적 쇄신 또는 경제와 복지에 이바지한다는 지도자를 뽑지만, 결국은 자기와 자기 편을 위해 살 뿐이다. 정직, 청렴, 상호 존중의 인격 같은 것은 나라나 정치 이념이 해결해 줄 수도 없다.

사람이 하나님을 배제한 채 타인을 위해서 또는 공동체를 위해서 살 수 있다는 생각만큼 허무한 환상은 없다. 신념을 가지고 영생을 두고 붙들 만한 진리는 당연히 사람에게서 나온 적이 없다. 그렇게 사람들끼리 무의미하게 살아가는 악이 가득한 곳에 하나님은 우리를 탈출시킬 계획을 세워 아들을 보내셨다.

육신은 영원히 살지 않는다. 마감이 있다. 그러나 영은 영원히 산다. 천국에서든 지옥에서든. 그러므로 세상에 큰 관심을 가져 봐야 그것이 영과 상관이 없다면 하나님과도 상관이 없는 것이다. 하나님은 영이시다. 죽은 인간의 영이 예수님으로 인해 살고 하나님 안에 살게 되는 것,

이 일이 나와 내 이웃에게 가장 중요한 일이다. 이 중심을 흩뜨리면 안 된다. 땅의 것은 그다음으로 중요하다. 비슷하게 중요하지도 않고 한참 못 미치게 중요하다. 그러나 땅에 사는 우리에게는 아주 중요하다. 하나님의 뜻 안에 넣어 두어야 할 만큼 중요한 문제다. 이건 둘 중의 하나만 택해야 하는 어려운 문제가 아니라 하나가 다른 한쪽으로 흡수되도록 해야 하기에 중요한 문제가 된다.

예수님이 가르쳐 주신 확신

마태복음 4장에는 사탄이 예수님을 시험한 내용이 나온다. 이 말씀은 단순히 예수님의 위대하심을 말하기 위해 기록된 것이 아니다. 이 말씀은 사람이 어떤 확신을 가져야 하는지 알려준다. 그 확신은 아버지 하나님에게서 배운 것으로 우리가 하늘의 확신 가운데 거하면 하나님의 기쁨이 된다는 것이다. 그러나 사탄은 우리가 확신을 가지도록 내버려 두지 않는다. 끈질기게 우리의 확신을 흔들어 놓는다. 사탄이 하는 일은 우리가 땅에 확신을 두고 살면서 하나님의 기쁨이 되지 못하게 하는 것이다. 특히 세 가지 시험 중 첫 번째 시험은 물질적인 시험으로, 우리가 무너지기 쉬운 영역이다.

사탄의 시험에 담긴 의도는 우리를 더욱 솔깃하게 한다. 돌로 떡을 만들라는 것은 이 땅에서 걱정 없이 잘 먹고 잘살기 위해 모든 방법을 다 사용해 보라는 것이다. 그래서 네가 잘 먹고 잘살 수 있는 사람임을 보이라는 것이다. 여기에는 누군가에게 보여 주고 싶어 하는 것, 즉 이생의 자랑까지 섞여 있다. 결국 사탄이 시험하고자 한 것은 잘 먹고 잘사는 것을 최고의 가치로 여기라는 것이며, 이를 위해 매진하고 하나님이 주신 힘까지도 이용하라는 것이다. 탐심을 끓어오르게 하는 것이다.

이런 시험 앞에서 우리가 혼동하기 쉬운 것은 '물질을 어느 정도까지 필요로 해야 하느냐' 하는 점이다. 우리가 물질에 욕심을 두지 않는다고 해서 물질 없이 살 수는 없다. 기본적으로 필요한 부분이 분명히 있는데, 어디까지 소유하기를 원해야 하고 어디까지가 그 한계인지를 알지 못한다는 것이 문제다. 그 가운데 사탄은 우리에게 혼동을 일으킨다. 어쩔 수 없이 해야 할 육신의 일에 정욕을 뒤집어씌운다. 그래서 끊임없이 물질을 소유하고 싶게 하고 더 좋은 것을 원하게 하고 이를 위해 전심으로 세상일에 매달리게끔 한다.

그렇다면 예수님은 이 시험을 어떻게 이기셨는가? 예수님은 "내 삶의 궁극적인 목표는 잘 먹고 잘사는 것이 아니야"라고 분명하게 선언하셨다. 육신이 잘 먹고 잘살려는 목표로 살아가는 것은 하나님을 기쁘시게 하지 못한다는 것을 보여 주셨다.

또한 떡을 먹어야 사는 것도 맞는 말이지만, 영혼육이 다 살기 위해서는 우선 영의 양식인 말씀을 먹어야 함을 이야기하셨다. 사슴이 시냇물을 찾듯이, 우리가 먹고 살기 위해 열심을 다하듯이, 영의 양식인 말씀도 그처럼 간구해야 한다는 것이다. 먹고 사는 것이 육의 과제인 것처럼 말씀을 먹는 것은 영의 과제임을 인정해야 하는 것이다.

　물질을 필요로 하되 적어도 이것이 행복해지기 위한 최종 목적이 되어서는 안 된다는 것을 알면 시험을 이길 수 있다. 동시에 우리의 육체가 살기 위해 물질이 당연히 필요하듯, 영이 살기 위해 말씀이 필요함을 알게 되면 말씀을 간절히 찾게 된다. 그리하여 하나가 다른 하나 속에 거하게 된다.

　성도라서 세상 것에 관심 두지 말아야 하는 것이 아니다. 하나님의 질서에 집어넣을 수 있으면 된다. 열심히, 성실히, 높은 뜻을 가지되 궁극적인 목표 안에 넣어 두면 된다. 사탄의 자리를 빼앗아 사탄이 있을 곳이 없게 하자.

마음 들여다보기

❶ 하나님과 세상 사이에서 마음이 흔들릴 때, 마음을 잡기 위해 찾는 방법이 따로 있는지 생각해 봅시다. 아니면 그대로 내버려 두지는 않는지도 돌아봅시다.

❷ 돈이 없으면 큰일 나듯, 말씀이 없으면 큰일 나는 삶을 살고 있는지 돌아봅시다. 지난 일주일간을 떠올리며 말씀을 얼마나 읽고 묵상했는지 생각해 봅시다.

하나님만 바라보기

하나님, 저는 그동안 신앙생활을 하면서도 세상 사람인지, 하나님의 사람인지 구분이 되지 않을 정도로 마음을 잡지 못했습니다. 하나님도 좋지만 솔직히 돈이 더 중요하고, 없으면 못 살 것 같았습니다. 그래서 많은 돈을 벌 수 있다면 하나님은 뒷전이었습니다. 먹고 살려면 어쩔 수 없다고 스스로를 위로했습니다. 이제 갈피를 잡지 못했던 제 마음을 예수님을 통해 잡으려 합니다. 물질이 없어서는 안 되듯 말씀 역시 없어서는 안 된다는 그 확신을 가지며 살겠습니다. 그래서 어떤 상황에서도 그런 확신으로 흔들리지 않겠습니다.

16 '보란 듯이'의 유혹에 빠져 있는 건 아닌가?

"이르되 네가 만일 하나님의 아들이어든 뛰어내리라 기록되었으되 그가 너를 위하여 그의 사자들을 명하시리니 그들이 손으로 너를 받들어 발이 돌에 부딪치지 않게 하리로다 하였느니라 예수께서 이르시되 또 기록되었으되 주 너의 하나님을 시험하지 말라 하였느니라 하시니" 마태복음 4:6-7

목사님, 저는 사업을 하고 있습니다. 사실 하나님이 세우신 기업이라고 큰소리를 쳤는데 사업이 잘되지 않아 걱정입니다. 좀 더 솔직히 말하면 원망스러운 마음이 더 큽니다. 제가 다른 뜻을 위해서도 아니고 다 하나님 위해서 사업을 하는 것인데 왜 안 도와주시는지 모르겠습니다. 제가 정직하지 못한 방법으로 사업하는 것도 아니고, 주일성수나 십일조를 거른 적도 없는데 말입니다. 이렇게 잘 안 될 거였으면 애초에 사업을 시작도 하지 않게 하나님께서 막아 주셨으면 좋았을 텐데 왜 내버려 두셨는지……. 정말 저는 하나님의 영광을 위해 살고 싶습니다. 제 사업이 지금 잘 풀리면 하나님을 믿지 않는 제 가족, 친구, 친척들도 모두 하나님의 위대하심을 알게 될 텐데 왜 하나님은 가만히 계시는 걸까요?

'보란 듯이'의 유혹

오늘날 많은 성도가 '나는 하나님의 사람으로 특별한 증거가 있다'는 것을 보여 주고 싶어 한다. 언뜻 보기에는 영적 욕심으로 여겨질 수도 있다. 그러나 이것은 영적인 것이 아니라 육신의 정욕일 가능성이 크다. 하나님 때문에 돈 잘 벌게 되었고, 좋은 대학에 가게 되었고, 일이 잘 풀린다고 말하는 것은 하나님을 높이는 것이 아니라 내가 높아지려는 마음이 크다. 하나님의 살아 계심을 증거하는 것이 아니라 내가 우쭐해지고 싶은 것이다. 하나님을 증거하려면 굳이 그런 것들을 자랑할 필요가 없다. 초대교회 때는 그런 자랑으로 복음이 전파된 것이 아니다. 은혜 안에 거하면서 넘쳐흐르는 사랑과 헌신, 겸손이 오히려 하나님을 높이고 하나님의 살아 계심을 알릴 수 있다. 받은 복으로 하나님을 증거하면 당장은 솔깃할지 몰라도 오래가지 못하며 이는 세상 우상과도 구별되지 않는다.

안타깝게도 성도 중에는 하나님을 빌미로 자신을 자랑하고 싶은 마음이 충만한 사람이 많다. 그렇기 때문에 이러한 시험에 잘 넘어가곤 한다. 사탄은 지금도 우리에게 '너에게 그런 실력이 있고 자격이 있음을 보여 주어라', '뛰어내려도 하나님이 도와주신다는 사실을 보여 줌으로 특별한 존재가 되어라' 하고 속삭인다. 그럴 때마다 우리는 내가 하려는 일이 '하나님을 증거하기 위해서'인지, '보란 듯이 살고 싶어서'인지를 잘 구분해야 한다.

하나님을 끊임없이 시험하고 있는 우리

성전에서 뛰어내려도 하나님의 도우심으로 다치지 않을 것이라는 사탄의 시험 앞에서 예수님은 "주 너의 하나님을 시험하지 말라"마 4:7고 말씀하셨다. 사실 사탄의 의도는 하나님이 정말로 말씀대로 사자들을 명하여 그들이 손으로 예수님을 받들어 발이 돌에 부딪치지 않게 하실 것인지를 시험해 보라는 것이었다. 이것은 우리가 평소에 저지르는 모습을 그대로 보여 주고 있다. 사람들은 비슷한 방법으로 하나님을 끊임없이 시험한다. 사탄과 매우 유사한 방식으로 말씀 한 구절을 붙잡은 채 "이렇게 하신다고 말씀했잖아요?"라고 기도한다. 그래서 정말로 그렇게 하시는지 두고 보겠다며 기다린다. 그 성경구절이 어떤 상황에서 어떤 사람을 위해 주신 말씀인지도 잘 모른 채 무조건 좋은 부분만 끌어다가 자신에게 대입해 놓고는 그저 달라고 한다. 그대로 해주시면 감당할 수 있을지 없을지도 알 수 없는데 무조건 해달라고만 한다.

또한 자기가 벌여 놓은 일을 하나님보고 책임지라고 한다. 이 역시 하나님을 시험하는 일이다. 전도하려고 호떡 장사 시작했으니 대박 나게 해주셔야 한다는 것, 기도 많이 하고 헌금도 많이 했으니 이제 하나님도 뭔가를 보여 달라는 것, 이 모든 것이 다 하나님을 시험하는 것이다. 일단 저질러 놓고 '어떻게 해주시나 보자'는 것은 분명 하나님이 아닌 나를 영화롭게 하려는 것이다. 나 잘되는 일에 하나님의 말씀을 사용해서는 안 된다. 하나님은 주主가 되는 대상이지 끼워 넣는 대상이 아니다.

하나님을 사랑하면 시험도 이긴다

"뛰어내려라 그러면 내가 도와줄게"라는 말씀은 애초에 없었다. 그건 사명을 이루는 올바른 방법이 될 수 없기 때문이다. '뛰어내리면 하나님이 어떻게 해주시겠지' 하는 생각은 시험에 걸리기 딱 좋은 자세다. 물론 어떤 사람에게는 하나님의 사랑을 믿는 마음도 있을 것이다. 그러나 그 뒤에는 '하나님이 나를 사랑하신다면 이런 일쯤은 해주실 거야'라는 거짓 확신이 따라온다. 그러한 생각은 실망으로 이어질 수밖에 없다. 자기의 유익을 위한 믿음이기 때문이다. 기억하라. 뛰어내리면 영광이 드러나는 것이 아니다. 뛰어내리지 않는 것이 영광이다.

하나님을 시험하지 말라는 말씀은 우리에게도 적용된다. 다시 말하지만 우리가 남 보란 듯이 잘되어야 하나님께서 영광을 받으시는 것이 아니라, 예수님처럼 시험을 이길 때 영광을 받으신다. 기쁨이 영광이다. 예수님처럼 하나님을 기쁘시게 하려고 할 때 우리 또한 시험을 이길 수 있다.

이 전제가 우리 삶의 모든 영역에 가장 먼저 적용되어야 한다. 일을 하든, 공부를 하든, 자녀를 양육하든, 농사를 짓든, 금연이나 금주를 하든, 이 모든 것이 하나님을 기쁘시게 하는 것에 초점을 맞추고 진행해야 한다. 하나님의 사랑을 시험하려고 사는 것이 아니라 하나님의 기쁨을 위해 살면 내 인생이 완성되며 자유를 누릴 수 있게 된다. 용기도 생기고 위로가 임한다. 세상 모든 철학과 사조와 시대적 정신을 초월하여 그 위에 거하게 된다. 바로 영광의 법으로 살기 때문이다.

❶ 내가 지금 꾸고 있는 대박의 꿈은 무엇인지 말해 봅시다. 그것이 하나님의 영광을 위한 것인지, 보란 듯이 나를 드러내고자 하는 것인지 솔직하게 판단해 봅시다.

❷ 하나님의 사랑을 의심하게 될 때가 있었는지 돌아봅시다. 그리고 그런 의심이 특별한 죄가 아니라고 생각하며 넘기지는 않았는지 생각해 봅시다.

하나님, 저는 '잘되면 내 덕, 안 되면 하나님 탓'이라는 생각으로 살아온 것 같습니다. 일이 잘되면 하나님께 영광을 돌리겠다고 하지만, 막상 진짜 일이 잘되면 제 자랑하기에 바빴습니다. 그리고 일이 안 되면 하나님이 왜 이러시나 서운해하기만 했습니다. 하나님의 뜻과 상관없이 제 마음대로 해놓은 일의 책임을 하나님께 떠넘겼습니다. 제 마음대로 살다가 아쉬울 때만 하나님을 찾고, 당장 눈에 보이는 좋은 결과가 없으면 하나님의 사랑을 의심했습니다. 이렇게 하나님을 도구로 삼아 저 자신을 높이고 싶어 했던 저의 모습을 회개합니다. 이제는 하나님의 사랑을 온전히 믿으며 하나님만이 드러나시고 하나님이 기뻐하실 수 있도록 살아가겠습니다. 제 삶의 목적을 하나님의 영광에 온전히 맞추겠습니다.

17 내가 살아 있음을 느끼게 하는 영역에 하나님이 있는가, 없는가?

"너는 일깨어 그 남은 바 죽게 된 것을 굳건하게 하라 내 하나님 앞에 네 행위의 온전한 것을 찾지 못하였노니" 요한계시록 3:2

목사님, 저는 사는 것이 너무 답답하고 재미도 없지만 일을 할 때만큼은 뭔가 살아 있음을 느낍니다. 일하려고 출근하면 숨통이 조금 트이고 '나에게 일이 없었다면 내 삶은 과연 어땠을까' 싶은 생각이 들기도 합니다. 저는 그렇게 일을 통해 저 자신의 능력을 확인하고 제가 아직 죽지 않았음을 느낍니다. 주변 사람들도 저에게 평소에는 지쳐 보이는데 일할 때는 오히려 생기가 도는 것 같다고 말을 합니다. 그런데 정말 신기한 건, 제가 아는 한 성도는 하나님과 교제하고 소통할 때 제가 일할 때와 같은 그런 느낌을 받는다고 합니다. 저도 나름대로 교회를 다니지만 솔직히 그 성도의 말이 이해가 되지는 않습니다. 보이지도 않고 성과가 나타나지도 않는데, 하나님으로 인해 생명력을 느낀다는 게 말이 안 되는 것 같습니다.

Part 2. 우선순위의 교정을 위하여 121

하나님이 인정하신 의인, 아브라함

성경은 죄인이 읽어야 할 책이다. 그 죄인이 어떻게 하나님의 의에 도달할 수 있는지를 알려 주는 것이 바로 성경이기 때문이다. 그러한 의에 도달해 갔던 대표적인 성경 인물이 아브라함이다. 아브라함은 하나님이 지시하시는 대로 나아갔다. '내 앞길은 내가 챙겨야 한다'는 생각이 죄의 원동력과 같은 생각인데, 아브라함은 앞길을 하나님께 맡겼다. 롯과 땅을 나눌 때에도 롯이 좋은 땅을 택했으나 질투하거나 불안해하지 않았다. 그곳이 종착지가 아님을 알았기 때문이다. 그는 주신 모든 것이 하나님의 것임을 알기에 처음으로 십일조를 드렸다. 받은 것을 돌려드리기로 작정한 것이다. 이렇게 하나님의 인도하심을 신뢰하며 당장 눈앞의 유익에 개의치 않는 것이 의인의 행보이다.

이쯤 되니 아브라함에게는 재물에 대한 욕심은 없는 듯 보인다. 그래서인지 하나님은 돈보다도 귀한 것을 요구하셨다. 늘그막에 얻은 아들을 제물로 바치라고 하신 것이다 창 22장. 이러한 상황에서 보통 사람이라면 '하나님이 나한테 왜 이러시나' 하고 생각할 것이다. 그러나 아브라함은 하나님의 인도하심이 최선임을 믿었기에 탐심을 내려놓고 무조건 하나님을 따랐다. '내 앞길은 내가 챙겨야 한다'는 죄인의 생각이 '내 앞길은 온전히 주께 맡겨야 한다'는 의인의 생각으로 바뀐 것이다. 하나님께 기꺼이 드리면 다시 주시는 원리를 알았던 것이다.

결국 하나님은 그날 아들을 제물로 바치기까지 순종하는 아브라함의 모습을 통해 그를 분명하게 의인으로 선언하셨다. 의인이 된다는 것은 인간이 선언할 수 있는 것이 아니다. 하나님이 인정해 주셔야 가능한 것이다. 그때 이후로 하나님은 아브라함을 의인의 모델로 삼으시고 인류가 구원에 이르는 과정을 설명하실 때 아브라함을 언급하셨다. 그는 돈 앞에서, 땅 앞에서, 자식 앞에서 하나님을 버리지 않았다. 다시 말해 하나님 앞에서 펄펄 살아 있었다.

하나님은 산 자의 하나님

아브라함과 관련된 하나님의 말씀 가운데서 우리가 반드시 기억해야 할 부분이 있다. 하나님은 자신을 "아브라함의 하나님, 이삭의 하나님, 야곱의 하나님"이라고 소개하셨다. 사실 이미 죽은 사람들이었기 때문에 "아브라함의 하나님, 이삭의 하나님, 야곱의 하나님이었다"고 말씀하실 수는 있겠지만 하나님은 놀랍게도 그들이 지금도 살아 있는 것처럼 말씀하신 것이다. 여기에서 알 수 있는 것은 하나님 앞에서는 모두가 산 자라는 사실이다. 우리는 이 말씀을 통해 죽은 것과 산 것에 대한 중요한 힌트를 얻을 수 있다. 먼저 인간은 한 번 태어나면 영원히 산다는 것이다. 인간의 육체는 한 번 죽지만 그 이후로 그 영혼은 천국에서 영원히 살든, 지옥에서 영원히 살든, 반드시 영원히 살게 된다. 그러므로 죽음이란 소멸이 아니라 분리다.

그리고 하나님은 죽은 자의 하나님이 아니라 산 자의 하나님이라고 말씀하셨다. 하나님은 살아 있는 자들의 하나님이시다. 하나님이 살리신, 하나님 앞에서 살아 있는, 하나님과 분리되지 않은 자의 하나님이 되신다. 여기서 살아 있다는 것은 하나님과 관계가 이루어진 것이고, 죽었다는 것은 하나님과의 관계가 끝난 것을 의미한다. 즉 하나님 안에서 살아 있는 자들이 기도하면 응답을 받을 수 있고 삶 속에서 인도하심을 받을 수 있다. 그런데 어떤 경우 산 자도 아닌 모호한 상태에 있는 성도들이 있다. 하나님은 사데 교회를 향해서 살아 있으나 죽은 것과 다름없다고 하셨지만계 3:1, 그렇다고 이것이 포기 선언은 아니었다. 어떻게든 살리려고 이렇게 경고하시는 것이다. 살리시는 하나님이 식물인간이나 다름없는 그 교회를 향해 마지막 기회를 주시는 것이다.

지금의 교회도 마찬가지다. 살아 있는 듯, 죽어 있는 듯, 산 것 같지 않은 성도들이 있다. 그들은 확실하게 살아야 한다. 그래야 하나님이 그 산 자의 하나님이 되신다. 그러므로 교회가 할 일은 '살리는 일'이다.

내가 살아 있음을 느끼게 하는 영역

우리는 하나님으로부터 살아 있음을 인정받아야 한다. 하나님 앞에서 살아나야 한다. 가끔 우리는 답답한 상황에 놓일 때 다른 어떤 것에 의존하려고 한다. 의존에 그치지 않고 게임, 술, 도박, 마약 등에 중독될 때도 있다. 그러면서 "이게 없으면 못 살겠다"고 말한다. 거기에 붙어 사는 것이다. 단지 게임, 마약 같은 것만 살아 있음을 느끼게 하는

게 아니다. 일을 통해 자신이 살아 있음을 느끼려는 사람이 있고, 무대에 올라야만 자신이 살아 있다는 사실을 느끼는 사람도 있다. 혹은 결혼만 하면 사람답게 살 것 같다는 사람도 있고, 자식이 말만 잘 들으면 살 것 같다고 말하는 사람도 있다. 더 나아가 자신이 집착하는 것이 사라지면 사람들로부터 버림받고 미움 받아 죽을 것 같다고 생각하는 사람도 있다. 살아 있음을 느끼기 위해 얼마나 몸부림치는지 모른다.

그러나 우리는 다른 무엇도 아닌 하나님으로 인해 살아 있음을 느껴야 한다. 하나님이 산 자라고 인정해 주셔야 한다. 하나님 앞에서 살아야 함을 확실히 느껴야 한다. 현재의 내가 한순간도 놓치지 않고 하나님 앞에서 살아 있어야 한다. 미래의 내가 하나님 앞에서 살아 있도록 해야 한다. 그래야 죽을 것 같은 두려움으로부터 해방되고, 중독에서도 자연스레 해방된다. 과거의 그릇된 행동을 끊으려고 억지로 노력하지 않아도 하나님으로 인해 자연히 끊어지게 되는 것이다. 일찍 일어나기 싫어하는 사람이라 해도 다음 날 아침에 자신이 좋아하는 사람과의 만남이 약속돼 있다면 알아서 일찍 일어나게 되는 것과 같은 이치다. 그 좋아하는 사람 앞에서는 살아 있는 것이다. 붙어 있고 싶은 것이다.

이제 우리가 살아 있음을 느끼게 하는 영역은 하나님 안이어야 한다. 예배하고 기도할 때, 하나님을 부를 때, 주의 일을 주와 함께 행할 때, 가장 살아 있음을 느낄 수 있어야 한다. 그것이 '실상은 죽어 있는 자'가 아닌 '산 자'의 모습이다. 산 자처럼 살아야 한다.

❶ 하나님이 온전함을 요구하시는 것에 관해 부담을 갖거나 피하려 하지는 않았는지 돌아봅시다. 혹시 적당한 수준까지만 목표로 삼겠다는 생각에 온전함을 포기하지는 않았는지 돌이켜 봅시다.

❷ 나는 지금 어떤 것을 할 때 살아 있음을 느끼는지 생각해 봅시다. 내가 살아 있음을 느끼게 하는 영역을 솔직하게 진단해 보고, 그것이 하나님 안에서 사는 것인지 생각해 봅시다.

하나님, 저는 그동안 살아 있다고 자신했지만 실상 하나님 앞에서는 죽은 자나 다름없었음을 고백합니다. 하나님을 통해 만족하려고 하지 않고 제가 원하고 좋아하는 것을 할 때에만 만족을 느꼈습니다. 그렇게 하나님과 상관없는 삶을 살아왔고 제 앞길은 제가 알아서 할 테니 그 무엇도 개입하지 않기를 바라는 마음을 가졌습니다. 그럼에도 그런 저를 다시 살리시기 위해 기회를 주시니 감사합니다. 말씀으로 채찍질해 주시고 깨닫게 하시니 감사합니다. 이제 하나님과 함께 살고, 하나님으로 인해 사는 사람이 되겠습니다.

18 올바른 목표를 가지고 기도하고 있는가?

"예수께서 이르시되 무엇을 원하느냐 이르되 나의 이 두 아들을 주의 나라에서 하나는 주의 우편에, 하나는 주의 좌편에 앉게 명하소서 예수께서 대답하여 이르시되 너희는 너희가 구하는 것을 알지 못하는 도다 내가 마시려는 잔을 너희가 마실 수 있느냐 그들이 말하되 할 수 있나이다" 마태복음 20:21-22

목사님, 저는 중학생, 고등학생 두 자녀를 두고 있습니다. 자랑하려는 것은 아니지만 저희 아이들은 정말 똑똑하고 공부도 잘합니다. 그래서 저는 아이들이 시험 볼 때나 경시대회 나갈 때마다 늘 금식하며 기도합니다. 이번에도 좋은 성적을 내게 해달라고, 꼭 입상하게 해달라고 말입니다. 그리고 좋은 결과가 나오면 하나님을 기쁘시게 했다는 생각에 정말 기분이 좋습니다. 저는 아이들이 앞으로도 공부를 잘해서 좋은 대학, 좋은 직장에 취업했으면 합니다. 그래서 이 목표를 위해 열심을 다해 기도할 것입니다. 이것이 다 하나님의 영광을 위한 것이니 하나님도 기뻐하시리라고 생각합니다.

'그 자리를 내놓으라' 식의 기도

예수님은 제자들을 따로 데리고 가서 앞으로 일어날 일, 곧 자신이 죽임을 당하게 될 것과 부활하게 될 것을 말씀하셨다. 그런데 그때 야고보와 요한의 어머니가 자기 아들들을 데리고 와서 예수님께 부탁했다. 부탁인즉, 야고보와 요한이 주의 나라에서 예수님의 좌우편에 앉게 해달라는 것이었다 마 20:21. 야고보와 요한 역시 어머니를 말리지 않은 채 같은 바람을 보였다. 야고보의 어머니야 예수님의 가르침을 많이 듣지 않았기에 그런 생각을 할 수도 있을 것이다. 그러나 야고보와 요한은 늘 예수님과 함께하고 가장 많은 가르침을 들었음에도 어머니의 생각에 동조하는 모습을 보였다. 그 요구가 잘못되었다는 것을 모르고 있는 것이다.

예수님은 이런 요구를 하는 그들에게 딱 잘라서 "안 된다" 하시지 않고 "구하는 것이 무엇인지도 모르고 있다"고 말씀하셨다. 우리는 이처럼 자신이 구하는 것을 잘 모를 때가 있다. 더 나아가 잘 알고 있다고 착각하기까지 한다. 말로는 하나님의 것, 하나님 나라의 것을 구한다고 하지만 실제로는 세상적인 욕심, 내 욕심을 섞어서 구하는 타협안을 제시한다.

예수님은 그들에게 "내가 마시려는 잔을 너희가 마실 수 있느냐" 마 20:22고 물으셨다. 이때도 그 두 형제는 자신의 입장을 끝내 돌이키지 않고 마실 수 있다는 각오를 내비친다. 이들은 지금 예수님께서 자신들에게 2인자의 자리를 내준다면 더 열심히 충성하겠다는 생각을 내비치고 있는 것이다. 좌우편 자리라면 무슨 잔이든 마시겠다고 말이다.

　우리 역시 '구하는 것을 주시면 더 잘하겠다'고 기도할 때가 있다. 그런데 '주면 하겠다'는 것은 곧 '안 주면 안 하겠다'는 것이기도 하다. 심지어 '안 준다면 아예 처음부터 안 따르겠다'는 각오를 드러내는 것이기도 하다. 이것은 협박에 가깝다. 선한 하나님을 온전히 믿고 따르지 못하겠다고 선언하는 것이다.

무엇을 구하는지도 모르고 하는 기도

　사람들은 기도에 있어서 자기 나름의 법칙을 만든다. '믿고 의심 없이 기다리면 다 받는다'거나 '응답받는 비결이 기도의 분량과 관계가 있다'거나 하는 식으로 자기만의 방법과 사고를 만들어 낸다. 그래서 응답받으면 자기가 잘한 줄 알고 교만해진다. 반대로 응답을 못 받으면 하나님을 의심해서 그런 것이라며 죄책감을 갖는다. 심지어 응답받지 못한 다른 사람에게도 그런 죄책감을 심어 줄 때가 있다.

　이렇게 응답에 대해 잘못 생각하는 것도 문제이지만 '무엇을 구하는지도 모르고 열심히 구하는 기도' 역시 큰 문제이다. 불변하는 하나님의 나라와 불변하는 하나님의 말씀에 기반을 두지 않고 아무것이나 구하고 응답을 아무렇게나 해석하니 내 마음과 상황들이 계속 꼬이면서 하나님과는 오해가 쌓여 가게 되는 것이다.

그렇다면 '무엇을 구하는지도 모르고 구하는 기도'가 왜 문제인가? 이것은 목표가 잘못되어 있기 때문이다. 젊은 부자 관원이 자신이 의로워질 수 있는 방법을 질문하자 예수님은 재물을 버릴 것을 말씀하셨다 마 19:16-22. 부자 관원이 의로워지는 데에 있어 부족한 부분 한 가지를 지적하신 것이다. 그러나 부자 관원은 그 부분을 지킨다는 것이 자신에게 어려운 과제임을 알자 근심하며 돌아갔다. 그렇게까지 해서 더 의롭게 되고 싶지는 않았던 것이다. 그의 간구에 담긴 목표는 '자기가 정한 의로움'이었던 것이다. 그러니 예수님이 정한 의로움에 도달할 수가 없었다. 우리도 성경을 자기계발서처럼 대하는 경우가 있다. 이것은 한창 미국 교계에서부터 유행한 일이었으나 기도의 올바른 목표가 될 수 없다.

목표를 제대로 가지는 것부터

야고보와 요한, 그들의 어머니도 잘못된 목표를 가지고 있었다. 그리고 그 목표를 끝내 버리지 못하고 있었다. 결국 예수님은 높은 자리를 구한 야고보와 요한에게 잔을 허락하신다. 언뜻 보기에 이것은 기도가 응답된 것처럼 보일 수 있다. 그러나 하나님이 기뻐하시고 원하시는 응답은 아니다. 해달라는 대로 해주시긴 했지만 그것은 그들에게 오히려 어려움일 수 있었다. 우리는 하나님을 불분명하신 분이라고 생각하며 쉽게 넘기지만, 하나님은 정확하고 분명하신 분이다. 실제로 야고보는 가장 먼저 순교했고, 요한은 오래 살았지만 다른 제자들보다 많은 핍박과 고난을 받았다. 물론 그것이 영광스러운 순교의 자리였지만 그들이 그 잔을 자처한 과거 역시 쉽게 간과해서는 안 된다는 것이다.

우리는 하나님이 기뻐하시는 뜻을 얻기 위해 기도해야 한다. 그리고 그 기도는 제대로 된 목표 설정으로부터 시작된다. 천국은 목표를 올바로 세우고 구한 사람이 모여 있는 곳이다. 아무나 들어가지 못하는 곳이다. 그러므로 목표가 의롭게 변해야 한다. 기도하기 전에 기도의 목표부터 제대로 점검해야 한다. 그 목표가 하나님의 뜻과 일치할 때 하나님이 받으시는 기도를 드릴 수 있다. 하나님이 받으시는 삶을 살 수 있다.

❶ 높은 자리나 직위, 직분 등을 얻게 해달라고 기도해 본 적은 없는지 돌아봅시다.

❷ 내가 지금 하고 있는 기도들을 살펴보고, 그 기도를 통해 무엇을 구하고 있는지를 솔직하게 생각해 봅시다.

하나님, 저는 그동안 하나님의 영광을 위해 살아왔고 또 그것을 위해 늘 기도했다고 자부하곤 했습니다. 그러나 이제 그것이 저의 착각이었음을 알게 되었습니다. 저는 그야말로 무엇을 구하는지도 알지 못한 채 중언부언하며 기도했던 것입니다. 행여 제 욕심을 위한 기도가 튀어나와도 '이 역시 다 하나님의 영광을 위한 거야'라고 생각하며 안일하게 받아들이곤 했습니다. 이제 하나님이 온전히 받으시는 기도를 드리고 싶습니다. 이제 올바른 목표를 세우고 기도하겠습니다. 제 기도가 하나님을 향한 발걸음이 될 수 있도록 마음을 가다듬으며 나아가겠습니다.

19 나는 받을 수 있는 것을 구하고 있는가?

"너희 중에는 그렇지 않을지니 너희 중에 누구든지 크고자 하는 자는 너희를 섬기는 자가 되고 너희 중에 누구든지 으뜸이 되고자 하는 자는 모든 사람의 종이 되어야 하리라" 마가복음 10:43-44

목사님, 저는 다른 사람의 간증을 들을 때마다 짜증이 납니다. 이런저런 기도를 해서 응답을 받았다고 하는데 제 귀에는 다 자랑처럼 들립니다. 그러면서도 '왜 나는 저런 기도를 하지 않았을까' 후회가 되기도 합니다. 하지만 제가 그렇게 기도했다고 해도 하나님은 저 사람의 기도에만 응답해 주셨을 것이라는 생각이 들기도 합니다. 그래서인지 이제 누군가가 열심히 기도하는 것을 보면 도전이 되거나 아름답게 보이지 않고 그냥 심란해집니다. 다른 사람이 기도 많이 해서 복 받는 것이 배 아프기도 하고, 저 사람만 응답을 잘 받는 것 같아 서럽기도 하고……. 그래서 요즘은 정말 기도할 맛도 나지 않습니다. 그러다 보니 기도를 하기는 해도 다른 생각에 빠질 때가 많습니다. 앞으로 어떻게 기도해야 할지 정말 모르겠습니다.

Part 2. 우선순위의 교정을 위하여 133

분쟁과 시기를 자초하는 기도

하나님과 인간이 교제할 수 있는 대표적인 방법은 바로 기도하는 것이다. 기도는 영이신 하나님과 육으로 된 인간이 관계를 맺을 수 있는 거의 유일한 방법이다. 그런데 이렇게 중요하고 가치 있는 기도가 때로는 분쟁을 초래할 수도 있다는 것을 알아야 한다. 잘못된 기도가 하나님과의 관계는 물론 사람과의 관계마저도 흔들리게 하는 것이다. 다시 앞에서 언급한 야고보와 요한, 그리고 그들의 어머니를 기억해 보자.

야고보와 요한의 어머니가 주의 나라에서 예수님 좌우에 자기 아들들을 앉게 해달라고 예수님께 간구하자 다른 제자들은 화가 났다. 분쟁이 일어나게 된 것이다. 다른 제자들은 야고보와 요한이 자신의 어머니를 통해 그런 것을 바랐다는 사실 자체에도 화가 났지만, 미처 그것을 구하지 못한 자기 자신에게도 화가 났을 것이다.

만약 내가 그토록 원했던 값비싼 물건을 지인이 헐값에 사게 되었다면 어떠하겠는가? 그 말을 듣는 순간 "참 잘되었다" 하면서 진심으로 축하해 줄 사람은 많지 않을 것이다. 오히려 배가 아플 것이다. '왜 나는 그런 기회를 놓쳤을까' 하고 한탄할 것이다. 그뿐만 아니라 자신이 그토록 원하는 것을 알고 있으면서도 정보를 제공해 주지 않고 결국 그 물건을 가져 버린 지인에 대해서도 심히 섭섭하게 생각될 것이다.

이처럼 구하고 받는 이 문제로 인해 교회 안에서도 분쟁이 일어날 수 있다약 4:1-3. 우리는 구하고 받는 문제를 반드시 해결하고 넘어가야 한다. 만약 정욕을 위해 잘못 구하게 되면 계속해서 이런 분쟁을 자초하게 된다.

무엇을 구하느냐 vs. 누구를 구하느냐

우리가 지금 구하는 것들을 가만히 살펴보면 다 이 땅의 것들인 경우가 많다. 그렇다고 물질을 구하는 기도를 하지 말라는 것이 아니다. 구하기 전에 먼저 이것이 하나님의 나라를 위한 기도인지를 살피라는 것이다. '물질을 달라고 기도해도 되는지', '이 문제를 해결해 달라고 기도해도 되는지' 살피면 잘못된 기도를 하지 않게 된다.

기도의 핵심은 '무엇을 구하느냐'가 아니라 '누구를 구하느냐'라는 사실을 생각할 수 있어야 한다. 무엇을 구하는 기도는 지속적인 응답을 받지 못한다. 그러나 누구를 구하는 기도는 반드시 응답을 받는다. 오순절 다락방에 모인 사람들은 성령을 구했다. 결국 모인 사람 모두가 성령을 받았다. 우리도 인격이신 성령을 구해야 한다. 예수 그리스도를 구해야 한다. 모든 것을 발아래 두신 예수님과만 친해지면 다른 것은 구할 필요가 없다. 다른 것들은 예수님 안에 다 있기 때문이다. 예수님과 더욱 가까워지는 기도, 친해지기 위한 기도가 필요하다.

기도는 '무엇'을 차지하기 위한 수단이 아니다

야고보와 요한은 그들의 어머니뿐만 아니라 그들 자신도 예수님 보좌 양 옆 자리를 원했다. 오늘날 이런 바람들은 성도들에게도 그대로 남아 있다. 많은 사람이 직책과 직분을 소망하고 그것을 중요하게 여기며 받기를 기도한다. 하늘나라에 관련된 것이니 마땅한 기도로 보인다.

어떤 사람은 사업가였다가 뒤늦게 예수님을 믿게 되었는데 말하기를, 한 1억 원 헌금해서 집사도 되고 장로도 빨리 되고자 한다는 것이다. 교회를 좋아해서 신앙생활에 대한 기대가 생겼는데, 그 기대라는 것을 직책으로 풀어 가고자 하는 것이다. 또 어떤 교회에서는 못 보던 할아버지가 언제부턴가 매 주일 아침마다 교회 앞을 비질하고 있기에 목사님이 가서 "누구신데 이렇게 매 주일 교회 앞을 쓸고 계시나요?"라고 물었더니 그 할아버지의 대답이 "이전 교회에서 장로를 안 줘서 교회를 옮겼어요. 그래서 여기서 열심히 해서 장로가 되려고 합니다" 하는 것이었다. 어째서 이런 일들이 교회 안에서 아무렇지 않게 벌어지는 것일까?

무엇을 위해 구하고 받아야 하는지에 대한 배움이 부족해서 이런 일이 생기는 것이다. 오늘날 교회는 성도들의 열심에 대해 보상하듯 직책을 주는 분위기를 만들어 놓았다. 땅에서의 인정이 중요하다고 암시하는 것이다. 요한계시록을 보면 집사냐 목사냐를 묻지 않고 교회를 책망했다. 그 교회 분위기가 잘못된 것이다. "귀 있는 자는 성령이 교회들에게 하시는 말씀을 들을지어다"라고 반복해서 말씀하신다. 즉 직책이 우리의 소망이 될 수 없다. 우리에게 주어진 사명에 비하면 직책은 아무엇도 아니다. 직책은 그저 자연스러운 결과여야 한다. 직책은 역할의 문제이기 때문이다.

  기도와 오랜 신앙생활의 결과가 무엇을 얻는 것으로 나타나야 한다고 믿는 것은 올바른 믿음이 아니다. 직책도 '무엇'에 속한 것이다. 받으면 끝나는 것이다. 받을 때까지만 거래가 유지되는 것이다. 직책이 주어지면 열심히 할 것이라고 자신을 믿지 마라. 기도로 사무엘을 얻은 한나를 많은 사람이 좋아한다. 그러나 한나는 사무엘을 하나님께 드렸다. 기도해서 응답받은 것을 소유하려 하지 않았다. 우리의 기도가 땅에 속한 것인지, 기도 속에 탐심이 숨어 있는지 성령과 함께 살펴보아야 한다. 그러니 간절히 성령을 구하자. 우리의 기도까지 도우시도록. 성령은 마음껏 바라도 죄가 되지 않는다. 게다가 그것이 주께 더 유익하다.

❶ 어떤 자리를 차지하는 것에 욕심을 가졌던 경험은 없는지 그때 겪었던 예민한 감정이나 스트레스 등을 떠올리며 나의 모습을 되돌아봅시다.

❷ 나는 우리 교회 안에서 섬기는 입장인지, 섬김을 받는 입장인지 진지하게 생각해 봅시다.

하나님, 저는 그동안 저 자신이 높아지기 위한 기도만 해왔습니다. 그래서 누군가가 저보다 더 높아지면 칭찬은커녕 시기와 질투를 하기에 바빴고, 더 나아가 하나님을 원망했습니다. 그동안 기도를 많이 했다고는 하지만 돌아보니 안 한 것만도 못했던 것 같습니다. 하나님, 이제 단 1분을 기도하더라도 하나님의 마음에 합하시도록 기도하겠습니다. 또한 정말로 겸손한 자세로 돌아가 하나님의 뜻을 구하고 남을 섬기는 사람이 되도록 기도하겠습니다. 이제는 그런 부정적인 마음들로부터 완전히 자유로워져서 예수님처럼 섬기는 사람, 섬기는 기도만 하겠습니다.

20 하나님과의 화목을 위해 기도한 적이 있는가?

"그러므로 우리가 그리스도를 대신하여 사신이 되어 하나님이 우리를 통하여 너희를 권면하시는 것 같이 그리스도를 대신하여 간청하노니 너희는 하나님과 화목하라" 고린도후서 5:20

목사님, 저는 새벽예배를 한 번도 빠진 적이 없습니다. 사람들은 이런 저를 보면서 놀랍니다. 어떻게 그렇게 매일 다닐 수가 있느냐고요. 그런데 저는 이것이 어려운 게 아닙니다. 기도할 것이 얼마나 많습니까? 저는 우리 가족만 해도 엄청나게 많아서 기도할 것이 넘쳐납니다. 한 명씩 이름을 불러 가며 기도하다 보면 한 시간은 어느새 지나갑니다. 그래서 저는 새벽예배를 포기할 수가 없습니다. 그래서인지 우리 손자들은 하나같이 공부도 다 잘합니다. 어디 그뿐입니까? 살다 보면 기도할 것이 한둘이 아닙니다. 걱정거리가 반복되고 또 반복되니 말입니다. 그런데 안타깝게도 주변에 보면 새벽예배를 드리지 않는 사람이 참 많습니다. 새벽 제단도 쌓지 못하는 사람이 어떻게 장로, 권사, 집사라고 할 수 있나요? 볼 때마다 걱정스럽습니다.

성경에서 말하는 지혜의 핵심

성경은 우리에게 끊임없이 지혜를 강조한다. 그렇다면 성경이 우리에게 요구하는 지혜는 무엇인가? 그것은 아주 간단하게 정리된다. 바로 피조물인 인간이 하나님과 잘 지내야 한다는 것이다. '하나님과 화목해지는 것'이 바로 성경에서 말하는 지혜이다.

많은 사람이 각자 나름대로 하나님과 잘 지내고 있다고 생각한다. 규칙적인 신앙생활을 이어가고 있으니 하나님이 어여삐 보실 것이라 생각한다. 그러나 성도들 중에 하나님과 실제로 잘 지내고 있는 사람은 흔치 않다. 우리의 신앙생활이 향하고 있는 종착역을 한번 살펴보자. 어디를 향해 나아가고 있는가? 대부분의 성도는 '나 잘되는 것'에 목표를 두며 신앙생활을 한다. 하나님의 영광을 향해 열심히 나아가는 듯하다가도 결국에는 '나 잘됨' 역에 도착한다. 계속 이런 방향으로 살아간다면 하나님과 아무런 상관이 없는 삶을 사는 것이다.

하나님과 잘 지내기 위해서는 기본적으로 내가 받고 싶어 하는 것과 하나님이 주시고 싶어 하는 것이 일치해야 한다. 오랜 기간 하나님과 교제했던 다윗은 이러한 원리를 잘 알고 있었다. 그래서 "주의 궁정에서의 한 날이 다른 곳에서의 천 날보다 나은즉 악인의 장막에 사는 것보다 내 하나님의 성전 문지기로 있는 것이 좋사오니"시 84:10라고 고백했고 실제로도 하나님의 영광을 추구하며 살았다. 하나님의 옷 끝자락이라도 붙들 수 있기를 어린아이처럼 바란 것이다. 그러기에 하나님으로부터 사랑받는 삶을 살 수밖에 없었다. 우리도 이 원리를 분명히 알아야 한다.

화목케 되는 것, 화목하게 하는 것

인류 역사는 엄밀히 말해 하나님과의 관계가 깨지는 것으로부터 시작한다. 창세기 1장까지만 해도 천지창조가 이루어지며 잘 되어 가는 듯했지만 바로 그다음 선악과를 먹는 사건이 일어나고 그로 인해 하나님과의 관계가 깨지게 된다. 이후 이를 회복하기 위해 제사를 지내는 모습들이 등장하는데, 이처럼 성경은 하나님과의 관계를 회복하는 것에 집중하고 있다. 하나님으로부터 떨어져 나가지 못하도록 장치를 주신 것이다. 구약의 제사 제도도 하나님과의 화목이 목표여야 함을 보여 주는 것이다. 그리고 이후 신약에서는 하나님과의 화목을 위해 예수님이 죽기까지 하셨다.

이처럼 타락한 인간을 위해 하나님은 자신과 화목할 수 있는 길을 끊임없이 열어 주셨고 그 길 안에 들어오기를 원하셨다. 그리고 우리는 그 방법 가운데서 하나님과의 화목을 이룰 수 있게 되었다. 그런데 이렇게 이루어진 화목을 그저 이룬 것에서 끝내는 사람이 많다. 이러한 화목을 통해 자신이 잘 먹고 잘사는 것을 이루면 된다는 식으로 귀결시키는 것이다.

하지만 그다음에 분명 하나님께서 우리에게 요구하신 것이 있다. 그것은 다른 사람을 화목하게 하는 역할을 하라는 것이다. 성경은 "그리스도로 말미암아 우리를 자기와 화목하게 하시고 또 우리에게 화목하게 하는 직분을 주셨으니 곧 하나님께서 그리스도 안에 계시사 세상을 자기와 화목하게 하시며 그들의 죄를 그들에게 돌리지 아니하시고 화목하게 하는 말씀을 우리에게 부탁하셨느니라"고후 5:18-19고 증거한다. 우리가 하나님과 먼저 화목한 관계를 이루었다면 반드시 화목케 하는 직분을 감당하는 자가 되어야 한다.

안타깝게도 우리는 하나님과 화목을 이루어 가는 듯하면서도 하나님의 뜻에는 여전히 관심이 없을 때가 많다. 예를 들어 예배에 빠지게 되면 '예배를 드리지 못해서 혹시 나한테 불이익이 오면 어떡하지?'라는 생각이 먼저 드는 것이다. 게다가 하나님이라는 존재에 대해 짜증을 내기까지 한다. 제 멋대로만 하고 싶고 누가 간섭이라도 할 것 같으면 짜증을 내는 사춘기 청소년처럼 행동하게 된다. 사춘기가 뭔가. 부모가 부당하고 힘없고 불편하다고 느끼는 시기 아닌가. 철없이 자기에게만 관심을 두는 이러한 모습은 성경이 말하는 지혜와 반대되는 모습일 뿐이다.

누구를 위한 예배인가?

우리나라 성도들은 새벽예배를 통해 새벽을 깨운다. 그런데 안타깝게도 새벽예배 시간에 나와서 한다는 기도 대부분은 '복을 주십사' 하는 것이다. 다들 결핍의 문제만을 두고 간구하고 있는 것이다. '남들보다 더 잘되거나 남들만큼 되거나'가 목표인 셈이다. 그러면서 매일 새벽예배를 드리는 것에 자부심을 느끼곤 한다. 잘될 것이라는 희망의 근거가 거기에 있는 것이다. 그러나 이런 기도를 하기 위해 새벽에 나오는 것이라면 기도의 목적과 결과에 온전히 부합하지 못하게 된다. 누군가는 '그래도 안 나오는 것보다는 낫지' 하면서 예배 시간에 빠지지 않는 모습을 칭찬하지만, 이런 분위기가 이어지면 오히려 하나님과 깊은 교제로 나아가기 어렵게 된다. 기도를 많이 '쌓았다'고 안심하게 될 뿐이다.

사람들은 하나님과 관계가 어떠하든 그저 겉으로 보이는 행위로만 신앙생활을 평가하기도 한다. 행위로만 안심하고 행위만을 강조하고 행위가 모자라면 비판을 한다. 내 신앙생활이 네 신앙생활보다 월등히 낫다고 말한다. 하지만 우리가 따져야 할 것은 '온전한 관계'임을 명심하라.

우리의 기도도 거기에 근거해야 한다. 하나님의 인격과 나, 하나님의 나라와 나, 그 가운데 기도라는 소통이 있는 것이다. 하나님은 자기가 잘되는 것에만 지혜를 원하고 자기가 잘되기 위해서만 열심을 내는 모습을 보시고 안타까워하신다. 우리는 과연 단 한 번이라도 하나님이 잘되시는 것에 관심을 두었던 적이 있는가?

새벽예배뿐만이 아니다. 오늘날 성도들은 자신의 배경과 능력에 관련된 문제만을 결핍으로 여기며 그 문제만을 두고 기도한다. 교회에 와서 바라는 것이라고는 다 그런 것들뿐이다. 그리고 응답이 잘 오지 않는 것 같으면 누구의 죄 때문이거나 정성과 열심이 부족해서 그럴 것이라고 판단하고, 하나님과의 관계를 점검하지는 않는다.

  이제 하나님과 화목하기 위한 지혜를 구하자. 그것이야말로 성령이 우리에게 주시기 원하는 것이다. '내가 하나님과 화목해야 하나님이 기뻐하시지'라는 생각에 도달해야 영적 사춘기를 극복할 수 있다. '하나님이 기쁘면 나도 기뻐'가 되어야 철든 것이다. 나에게 무엇인가를 잘 해 주셔야 그다음에 화목해지겠다는 태도는 계속 영적 늪에 빠지게 할 뿐이다. 하나님과의 화목은 미룰 수 있는 것이 아니다.

❶ 나는 과연 하나님과 친밀한 관계에 있는지 생각해 봅시다. 나의 어떤 모습을 통해 하나님과의 관계를 확인할 수 있을지도 생각해 봅시다.

❷ 하나님의 간섭이 귀찮아지고 내 생각만 하고 싶어 하는 영적 사춘기에 있지는 않은지 최근의 내 모습을 돌아봅시다.

하나님, 저는 그동안 예배를 드리고 하나님을 위해 많은 일을 한다고 하면서도 정작 저의 잘됨에 최종 목적을 두곤 했습니다. 하나님과 더 친해지고 화목해지는 데에는 관심이 없었습니다. 성경에서 하나님과의 화목이라는 말이 나오면 그냥 흘려버렸고, 설교 시간에 그런 말씀을 들으면 늘 같은 말씀이라며 지루해하기도 했습니다. 하나님, 이제 하나님과의 화목이 그 어떤 것보다도 중요함을 알았습니다. 그동안 잘되는 것에만 매여 있었던 저의 모습을 돌이키게 하시니 감사합니다. 하나님과 가장 친하고 화목한 하나님의 사람, 하나님의 자녀가 되겠습니다. 그로 인해 하나님이 부어 주고자 하시는 지혜를 듬뿍 받을 수 있도록 매 순간 하나님의 말씀을 기억하겠습니다.

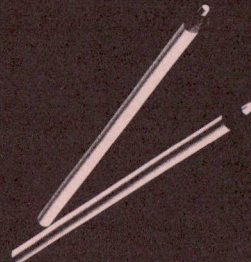

나약함뿐인 우리가 어떻게 예수 그리스도의 거룩을 따라갈 수 있을까? 거룩의 기준을 세울 수 있을까? 우리의 영혼이 거룩해지는 길은 바로 '예수님을 믿으면 구원을 얻는다'는 진리를 믿는 것에서부터 시작된다. 예수 그리스도 안에 거하는 것이야말로 거룩의 기준을 높이는 방법이다. 그것이 세상과 다른 구별된 모습이다.

Part
03

온전한
변화를 위하여

21 내 의지가 아닌, 성령으로 열매를 맺고 있는가?

"오직 성령의 열매는 사랑과 희락과 화평과 오래 참음과 자비와 양선과 충성과 온유와 절제니 이같은 것을 금지할 법이 없느니라" 갈라디아서 5:22-23

목사님, 저는 사람들에게 좋은 모습을 보이고 싶습니다. 그래서 행여 마음에 들지 않아도 거부하거나 반대를 잘 못합니다. 사람들에게 비난받기도 싫고 이왕이면 계속해서 착한 사람으로 보이고 싶기 때문입니다. 그리고 마음에 들지 않아도 최대한 친절을 베풀려고 하고, 속으로는 자랑하고 싶어도 겸손하게 보이려고 저 자신을 낮추는 편입니다. 그래서 사람들은 저에게 늘 좋은 평가를 하곤 합니다. 그러나 가끔 제 속에서 부글부글 끓어오를 때가 있습니다. 마음과는 반대로 억지로 행동하다 보니 생기는 부작용이라 해야 할까요? 그렇다고 해서 마음속에 있는 것을 다 꺼내 놓기도 싫습니다. 사람들이 저를 외면할 것 같아 두렵거든요. 저는 앞으로 어떻게 살아가야 할까요? 그냥 욕을 먹더라도 솔직하게 살아야 할까요? 아니면 다 참고 좋은 사람이라는 소리를 들으며 살아야 할까요?

신앙생활이라는 경주 vs. 세상에서의 경주

성경에서는 신앙생활을 육상 경주에 비유하기도 한다. 당시 육상 경주가 많은 사람에게 각광을 받았기 때문에 육상 경주에 비교하면 사람들이 쉽게 이해할 수 있었기 때문이었을 것이다. 그래서 신앙생활을 우승자의 관을 받기 위해 달려가는 사람으로 묘사하기도 하고, 일등상을 받기 위해 노력하라고 권면하기도 한다.

그런데 신앙생활이라는 경주는 세상에서의 경주와 차이가 있다. 신앙생활의 경주는 오심이 없다. 만약 억울한 게 있으면 오히려 그것이 득이 된다. 인간의 방해가 있으면 더 좋은 열매를 맺게 되는 것이다. 졌는데 이긴 자라고 칭하기도 한다. 하나님은 우리의 마음속에 있는 것까지 다 아시기 때문에 억울할 것이 없다. 대신 이와 같은 체제의 게임에서 패배했다면 그것은 그 누구도 원망할 수 없이 오로지 자기 잘못 때문이라고 인정해야 한다. 세상에서의 경주는 공정하지 못한 판정도 많고 억울하게 지는 경우도 있기 때문에 누군가를 탓할 수도 있지만 신앙생활에서는 그럴 수가 없는 것이다.

2004년 아테네 올림픽 때 한 사격 선수가 매우 큰 점수 차로 경쟁자를 따돌리고 마지막 한 발만 맞추면 우승을 하는 상황이었다. 그런데 그 선수는 그만 마지막 한 발을 경쟁자의 과녁에 쏘고 말았다. 1등이었던 사람이 한순간에 8등이 된 것이다. 이런 상황은 판정이 잘못 되었거나 누군가가 방해했기 때문에 생긴 것이 아니다. 오롯이 자신의 잘

못일 뿐이다. 그래서 원망도 탓도 하지 못한다. 신앙생활도 이와 마찬가지로 원망도 탓도 할 수가 없다. 신앙생활이라는 경주에 있어 가장 큰 난관은 바로 자기 자신이 잘못하는 것이다. 우리에게 가장 큰 해를 입히는 것은 바로 나 자신이기 때문이다. 누구의 탓도 아닌, 자신의 문제인 것이다.

열매는 내가 맺는 것이 아니라 성령이 맺게 하신다

갈라디아서 5장 23절에서 24절에는 "오직 성령의 열매는 사랑과 희락과 화평과 오래 참음과 자비와 양선과 충성과 온유와 절제니 이같은 것을 금지할 법이 없느니라"고 성령의 열매를 설명하면서 그 어떤 것도 이것을 막지 못한다고 말씀하고 있다.

즉 성령이 오셔서 열매를 맺게 하시려는데 열매를 맺지 못한다면 그것은 다른 이유 때문이 아닌 자기 자신 때문인 것이다. 환경 탓도 그 누구의 탓도 아닌 것이다. 어떤 사람은 "내 인생의 스토리를 들어 보면 내가 왜 이렇게 신앙이 엉망이 되었는지 알 수 있을 것이다"라며 하소연한다. 그러나 성령의 열매라는 관점에서 보면 입이 열 개라도 할 말이 없을 것이다. 왜냐하면 박해와 고난과 시련 같은 일들이야말로 오히려 풍성한 성령의 열매를 맺게 하기 때문이다. 고난으로 인해 인내와 절제와 오래 참음의 열매가 맺히게 된다. 그러므로 성령의 열매에 있어서는 다양한 환경과 어려움이 핑계가 되지 못한다. 안타깝게도 많은 성도가 교회를 잘못 만나서, 또는 부모를 잘못 만나서 등등의 이유를 대며 자신에게는 잘못이 없다고만 한다.

혹은 어떤 사람은 "나는 원래 성품이 좋아서 이러한 성령의 열매가 다 있다"고 자신한다. "내 안에는 사랑도 있고, 평화를 누리고 있고, 그래서 늘 기쁘고, 나처럼 친절한 사람이 없다"고 말한다. 그러나 그것이 어떤 양분養分에서 나왔는지 바로 알아야 한다. 성령을 통한 것이 아니면 그것은 곧 한계를 드러내게 된다. 가령 온유해 보이는 사람이라도 그것이 성령으로 인한 것이 아닌 '화를 참으려는 자신의 의지'나 '자신의 이미지 관리', 혹은 '더 큰 화를 막기 위한 참음'이거나 '복수에 대한 두려움'으로 인한 온유라면 그것은 한계를 가질 수밖에 없는 것이다.

반면에 성령의 열매인 온유는 절대자가 주시는 위대한 힘 앞에서 나온다. 힘을 누르고 있는 상태가 아니다. 성경에서의 온유는 '야생마가 주인의 손에 의해 잘 길들여졌음'을 의미하는 것과 연관된다. 즉 야생마가 야생의 힘은 남아 있지만 주인의 뜻에 따라 정확하게 움직이는 것이 바로 온유의 모습이라는 것이다. 이처럼 위대한 주인을 만나서 그 통제 아래 있는 것이 온유한 것이지, 다른 사람을 의식하여 행동하는 것이 온유한 것은 아니다. 모세도 처음에는 혈기를 주체할 수 없는 성격이었지만 하나님의 통제 안에 거하면서 온유한 자가 될 수 있었다.

기쁨에 있어서도 구분을 잘 할 수 있어야 한다. 성경에서 말하는 기쁨은 '기뻐야 할 이유를 발견하는 데에서 나오는 기쁨'이다. 무조건 다

기쁜 것이 성령이 맺게 하시는 기쁨의 열매는 아닌 것이다. 살기 힘든 상황에서도 하나님은 기뻐할 이유를 주시는데 그 이유를 알게 되므로 기뻐하는 것이 바로 성령이 맺게 하시는 기쁨의 열매이다. 혹은 지금은 힘들어도 하나님으로 인해 결과적으로 기쁘게 될 것이라는 사실을 알게 되는 것, 이 역시 성령이 주시는 기쁨이다.

사람에게 잘 보이려고, 사람과 좋은 관계를 맺으려고, 좋은 성품을 가진 자로 보이려고 하면 이는 우울한 삶으로 이어질 뿐이다. 왜냐하면 사람들이 나를 어떻게 보고 있느냐에 따라 내 행복이 달려 있기 때문이다. 차라리 화가 날 때는 하나님 안에서 화도 내며 그 안에서 답을 찾는 것이 필요하다.

성령께 나를 맞추고 성령의 인도하심에 나를 의탁하자

열매 맺지 못할 이유는 오로지 자기 자신 때문이다. 그렇기에 우리 자신의 부족함을 빨리 깨닫고 성령을 더 의지해야 한다. 우리가 바라는 헛된 영광들, 가령 돈을 많이 벌어서 지인들에게 자랑하는 일 같은 것들은 자기 자신을 해할 뿐이다. 멸망으로 가게 할 뿐이다. 내가 누려야 할 영광이 무엇인지만 알면 모든 일의 판단은 성령과 똑같이 내리게 되어 있다. 그러므로 구체적으로 기도해서 응답받는 것은 그리 중요하지 않다. 이미 자신에게 있는 기준과 선한 양심이 하나님과 맞는다면 따로 구하고 응답받을 필요가 없는 것이다. 또한 자신이 이런 성품을 귀하게 여긴다면 같은 성품을 가진 다른 사람도 귀하게 여기게 된다.

　이제 자기 힘으로 고군분투할 필요가 없다. 성령의 인도하시는 바에 의탁하자. 헛된 영광이 아닌, 오직 하나님의 영광만을 구하면서 살자. "나무도 좋고 열매도 좋다 하든지 나무도 좋지 않고 열매도 좋지 않다 하든지 하라 그 열매로 나무를 아느니라"마 12:33고 하셨던 농부 하나님께 가장 좋은 열매를 보여 드리자.

❶ 사람들 눈을 의식하여 억지로 좋은 성품을 보여 주려고만 하지는 않았는지 생각해 봅시다.

❷ 신앙생활을 잘하지 못할 때, 환경 탓을 하고 다른 사람 탓을 하며 원망하지는 않았는지 돌아봅시다.

하나님, 저는 그동안 성령의 열매에 대해 잘 안다고 생각하면서도 정작 그것이 어떻게 맺히는지를 깨닫지 못했습니다. 제가 제 힘으로 힘들게 맺어야만 한다고 생각했습니다. 그래서 성령의 열매라고 말하면서도 제 열매인 양, 억지로 마음을 다스려 가며 그런 성품들을 나타내려고 했습니다. 그러다가 잘 안 되면 그냥 성령의 열매를 맺는 것을 포기해야겠다고 생각하기도 했습니다. 그러나 이제 성령의 열매는 말 그대로 성령께서 주시는 것임을 알았습니다. 이제 제 생각대로가 아닌 성령께 의지하며 제 인생을 맡기겠습니다. 그래서 억지로, 힘겹게 제 성품을 바꾸지 않고 성령이 이루어 가시는 가운데서 놀라운 변화를 경험하겠습니다.

22 나는 세상과 구별되어 거룩한 자리에 있는가?

"오직 너희를 부르신 거룩한 이처럼 너희도 모든 행실에 거룩한 자가 되라 기록되었으되 내가 거룩하니 너희도 거룩할지어다 하셨느니라" 베드로전서 1:15-16

목사님, 저는 하나님을 아버지로 고백하며 살지만 하나님의 자녀로서 뭔가 달라야 하거나 거룩해야 한다는 생각은 잘 안 듭니다. 그리스도인답게 구별되어야 한다는 것은 너무 과장된 것 같기도 하고요. 그래서 그냥 내가 하고 싶은 대로, 누리고 싶은 대로, 즐기고 싶은 대로 살면 된다고 생각됩니다. 물론 가끔은 거룩한 삶을 살고 싶을 때가 있습니다. 그럴 때는 왠지 큰 교회의 유명한 목사님을 찾아야 할 것만 같습니다. 그런 분은 뭔가 남다를 것 같고, 거룩함이 무엇인지 보여 줄 수 있을 것 같아서요. 하지만 막상 그런 목사님을 만나도 그게 아님을 깨닫게 되고, 그때의 실망감은 이루 말할 수가 없습니다. 저는 이제 누구를 찾아가면 좋을까요?

Part 3. 온전한 변화를 위하여　155

거룩과 격리, 혼동과 혼란을 구분하라

사람은 부모를 닮아 가게 되어 있다. 마찬가지로 사탄을 아버지로 삼으면 사탄을 닮아 가게 된다. 그러나 우리는 불순종의 자녀에서 순종의 자녀가 되었고 진노의 자녀에서 축복의 자녀가 되었다. 이것은 우리가 거룩할 수 있는 길로 들어섰다는 것을 말해 주는 것이다.

'거룩'이란 바로 하나님 쪽으로 구별되는 것을 말한다. 즉 하나님을 아버지로 삼으면 하나님을 닮아 가게 되고 거룩하여 세상과 구별되는 삶을 살게 된다. 그런데 사탄을 아버지로 삼으면 이것은 다시 하나님과 격리되는 것이다. '격리'라는 말 역시 구별된다는 뜻이기는 하지만 거룩과는 반대되는 쪽으로 의미가 좀 더 분명해진다. 곧 하나님으로부터 격리되는 것이고 지옥의 길로 들어서게 되는 것을 말한다. 이처럼 아버지가 누구냐에 따라 거룩이 될 수도 있고 격리가 될 수도 있다.

또한 우리가 하나님 쪽으로 구별되어 구원을 받았다 해도 하나님의 말씀으로 완전히 정복되지 않으면 우리의 마음과 생각은 정리되지 않는다. 이는 가나안 땅을 정복할 때와 마찬가지다. 가나안 땅을 완전히 정복하기까지는 끊임없는 고난과 전쟁이 있었다. 그러므로 우리가 구원을 받았다 할지라도 우리의 몸과 마음이 하나님의 말씀으로 완전히 점령될 수 있게 해야 한다.

이처럼 하나님의 말씀으로 완전히 점령되기 전까지 우리는 수많은 혼동과 혼란을 겪게 되고, 이렇게 정리되지 않은 마음은 바로 죄로 연결된다. 그러나 우리는 이때 겪게 되는 혼동과 혼란에 대해서도 구분할 수 있어야 한다. 둘 다 문제이지만 혼란은 혼동보다 더 무서운 것이기 때문이다. 혼동은 잘 몰라서 생기는 것이므로 바로 알려 주면 회복될 수 있다. 그러나 혼란은 잘 알고 있고 마음도 있으면서 아예 행하지 않는 것이다. 이것은 고치기도 힘들다. 혼동의 상태는 그나마 변동이라도 있어 때로는 하나님을 기쁘시게 하기도 하지만, 혼란은 하나님을 전혀 기쁘시게 할 수가 없는 상태다.

혼란은 겉으로는 잘 드러나지 않는다. 그러나 실제로는 매우 위험하다. 물에 1%의 농약이 섞였을 경우 표시는 나지 않지만, 생명을 위협하는 위험한 물이 되는 것과 마찬가지의 원리이다. 겉보기에 아무 문제없는 믿음 같아도 혼란스러운 마음이 조금이라도 섞여 있다면 그것은 치명적으로 위험한 불순종의 마음이 된다.

강력한 은혜에 나의 의지를 추가하라

혼동과 혼란에서 벗어나려면 강력한 은혜가 필요하다. 흔히 마음에 감동이 있으면 은혜를 받았다고 말하는데 진정으로 은혜를 받는 것은 하나님 말씀이 내 안에 들어와 역사가 일어날 때를 말한다. '나도 어쩔 수 없었던 내 생각, 즉 혼동과 혼란에 질서가 임하게 되는 것을 말한다. 이것은 오로지 그 사람에게만 주시는 엄청난 은혜를 받아야만 단번에 떨어져 나갈 수 있다. 수도꼭지를 살짝 돌렸을 때 떨어지는 몇 방울의

물로는 안 된다. 수도꼭지를 끝까지 돌려 물이 콸콸 넘치도록 쏟아져야만 가능한 것이다. 즉 넘치는 은혜가 필요하다. "그러므로 너희 마음의 허리를 동이고 근신하여 예수 그리스도께서 나타나실 때에 너희에게 가져다 주실 은혜를 온전히 바랄지어다" 벧전 1:13

그렇다면 그 은혜를 누리기 위한 방법은 무엇인가? 은혜를 받고 그 은혜를 누리기 위해서는 무엇보다 나의 의지가 필요하다. 은혜를 누리기 위한 자세가 필요하다.

우선 마음의 허리를 동여야 한다 벧전 1:13. 즉 정신을 단단히 차리고 초점을 맞춰야 한다. 초점의 대상은 당연히 예수 그리스도 한 분이다. 오로지 하나님이 주실 은혜만 바라볼 뿐 요행을 바라지 말아야 한다.

또한 잘못 배운 헛된 생활 방식을 버려야 한다 벧전 1:18. 어떤 잘못이나 문제의 근원이 되는 것들이 있다면 비록 희미하게 남아 있을지라도 반드시 뿌리 뽑아야 한다. 이스라엘 백성은 여리고와 홍해는 쉽게 통과할 수 있었지만 오히려 현실적으로 쉬워 보이는 아이 성 앞에서는 패배하고 말았다. 조상으로부터 물려받은 부정한 일들과 이스라엘의 범죄들로 인해 혼란을 경험했기 때문이다.

우리는 사탄을 아버지로 여겼던 뿌리 깊은 습성을 근절하고 의심과 질투, 시기와 미움, 교만 같은 것들로부터 빠져나오려는 의지를 가져야만 한다. 그런 것들로부터 벗어나 강력한 하나님의 은혜 속에 들어갈 때 비로소 혼란에서 벗어날 수 있게 된다.

거룩의 기준을 최고치로 올려라

사람들은 거룩의 모델을 찾아 나선다. 의인을 찾고 그를 통해 대리만족을 얻으려 한다. 그래서 큰 교회를 찾아가기도 하고 어떤 이에게 거룩의 짐을 지워 놓고 모델로 삼겠노라며 주의 깊게 바라보기도 한다. 그러다가 별로다 싶으면 다시 실망한다. 하지만 우리가 분명히 알아야 할 것은 우리는 사람이나 장소에 의해 거룩해지는 것이 아니라는 사실이다. 그런 것들은 그저 조금의 도움이 될 수 있을 뿐이다.

반대로 어떤 사람은 아예 거룩을 포기한다. 세상에 거룩이 어디 있냐며 그냥 거룩과 상관없이 살겠다고 한다. 하지만 우리에게는 하나님이 주신 명령이 있다. "내가 거룩하니 너희도 거룩할지어다" 레 11:45 우리의 기준은 바로 예수 그리스도이다. 티도 없고 흠도 없는 거룩의 기준이 되셨던 예수 그리스도를 생각해야 한다.

그렇다면 나약함뿐인 우리가 어떻게 예수 그리스도의 거룩을 따라갈 수 있을까? 거룩의 기준을 세울 수 있을까? 우리의 영혼이 거룩해지는 길은 바로 '예수님을 믿으면 구원을 얻는다'는 진리를 믿는 것에서부터 시작된다. 예수 그리스도 안에 거하는 것이야말로 거룩의 기준을 높이는 방법이다. 그것이 세상과 다른 구별된 모습이다.

나무는 가지를 떨구어 내지 않는다. 그러나 가지는 나무에게서 얼마든지 떨어져 나갈 수 있다. 그 공급을 거부할 수 있다. 즉 내가 하나님께로부터 구원받아 붙어 있을 때 그 어떤 정사와 권세도 나를 하나님으로부터 못 끊어 내지만, 내가 하나님을 거부한다면 그 사랑으로부터 나는 떨어져 나오게 된다. 주위 환경을 탓할 것 없이 모든 것이 나의 의지로 이루어짐을 알아야 할 것이다. 그러므로 세상과의 수많은 타협이 다가올 때 내가 그것을 뿌리치고 하나님 안에 거하기로 선택하고 결정해야 한다.

① 세상과 구별되면 세상 친구들에게 따돌림을 당할 것 같은 생각에 세상 문화에 그대로 동조하고 있지는 않은지 돌아봅시다.

② '어차피 나는 인간이니까 거룩해질 수 없어'라고 생각하면서 적당히 세상과 타협하며 살고 있지는 않은지 돌아봅시다.

하나님, 그동안 저는 거룩해지려는 노력을 하지 않았습니다. 하나님의 자녀가 된 놀라운 은혜에 감사하며 아버지의 자녀답게 거룩의 자리에 나아가야 하는데 그냥 제 마음대로만 살았습니다. 그 가운데서 혼란이 와도 그냥 그러려니 생각했습니다. 그것이 얼마나 하나님께 아픔이 될지 알지 못했습니다. 그리고 하나님의 강력하신 은혜에 기대기보다는 제 자신이나 주변 사람을 더 의지했습니다. 그래서인지 문제 앞에서 자주 쓰러지곤 했던 것 같습니다. 하나님, 이제 거룩의 길로 들어서고 싶습니다. 예수님의 모습을 거룩의 모델로 삼아 한 발자국씩 나아가겠습니다.

23 내가 추구하는 '거룩'은 바리새인이 추구하는 것과 다른가?

"살리는 것은 영이니 육은 무익하니라 내가 너희에게 이른 말은 영이요 생명이라" 요한복음 6:63

목사님, 저는 거룩하게 살고 있지는 못한 것 같습니다. 하지만 마음만은 누구보다 거룩하길 간절히 원하고 있습니다. 정말 멋진 신앙인, 기독교인이 되고 싶습니다. 물론 거룩하게 살려면 많은 부분에서 절제해야겠지만, 거룩한 삶을 사는 것이 아름답고 또 멋있다고 생각합니다. 그런데 문제는 무엇이 거룩한 것인지 잘 모르겠다는 것입니다. 지금은 그나마 저희 목사님, 혹은 몇몇 유명한 목사님들이 거룩해 보여서 '저분들처럼 살면 되는 걸까' 하고 생각하는 정도입니다. 그리고 저는 가끔 저 자신이 지금 거룩한 삶에서 벗어난 게 아닌가 하고 스스로 자책할 때가 있습니다. 사실 얼마 전 몸이 좋지 않아 주일 오전 예배를 드리지 못하고 오후 예배를 드린 적이 있었는데, 그때 주일성수를 제대로 하지 못한 것만 같아 온 종일 찜찜했습니다. 주일을 거룩하게 보내지 못한 것 같은 기분이라고나 할까요?

거룩의 기준에 대해 오해하는 우리

우리는 '거룩한 삶'에 관심이 많다. 거룩하게 살고 있든 그러지 못하든, 거룩하게 사는 것이 옳은 것이고 또 멋있는 것으로 생각하는 경향이 있다. 비단 우리뿐만이 아니다. 종교인 대부분은 거룩한 것을 추구하려고 한다. 그러다 보니 행여 종교인이 부정한 행동을 한 것이 매스컴에 보도되기라도 하면 그 어떤 경우보다 훨씬 더 경악하게 된다.

우리는 대부분 세속적이지 않은 것을 성스럽게 생각하는 경우가 많다. 기독교인으로서 소위 술이나 담배를 하지 않고 이성 관계가 올바르고 돈에 관심을 두지 않는 그런 모습들이 거룩의 단면이라 생각하곤 한다. 그리고 그 외에도 거룩의 기준을 나름대로 세워 이를 좇으려고 한다.

하지만 우리의 이러한 모습이 과연 거룩을 제대로 추구하고 있는 것일까? 이렇게 살아가는 것이 하나님이 기뻐하시고 인정하시는 거룩의 길이라고 확신할 수 있을까? 내 생각과 방식에 사로잡혀 허상의 거룩을 추구하고 있지는 않은지, 거룩의 기준이 잘못 설정되어 있지는 않은지 돌아보아야 한다.

예수님은 분명히 우리에게 "서기관과 바리새인보다 뛰어나지 않으면 하늘나라에 들어갈 수 없다"마 5:20고 말씀하셨다. 하지만 아마 이 말씀을 듣고 마음에 부담을 느끼는 성도는 많지 않을 것이다. 서기관과 바리새인은 예수님을 대적했던 그야말로 비정상적인 종교인들이었다. 게

다가 예수님이 비판하셨던 단골 대상이 아니던가? 그러니 적어도 그들보다야 우리가 나을 것이라고 생각하고 있는 것이다.

그러나 실상은 그렇지 않다. 이 세상에 있었던 사람 중에서 행위적으로 가장 거룩했던 사람들은 다름 아닌 서기관과 바리새인들이었다. 비판의 대상으로 자주 오르내리는 그들이 바로 거룩함에 있어서 내로라 하는 사람들이었던 것이다.

게다가 우리는 머릿속으로는 그들을 부정적으로 생각하고 입으로는 그들을 비판하면서도 정작 행동으로는 그들이 추구했던 거룩의 모습을 답습해 나가고 있다. 종교적인 열심과 나름대로 세운 기준에 근거한 성별聖別된 모습 등 우리가 지금 추구하고 있는 거룩의 모습은 그들이 추구했던 모습과 거의 일치한다. 우리는 현대판 바리새인이 되어 가고 있는지도 모른다.

그런데 분명 예수님은 서기관과 바리새인들보다 낫지 않으면 천국에 들어갈 수 없다고 하셨다. 행위만으로 보면 우리는 당시 그들이 추구했던 거룩함의 기준에 도저히 따라갈 수가 없는데 말이다. 그렇다면 어떻게 우리가 하나님 나라에 들어갈 수 있단 말인가?

우리는 예수님의 이 말씀을 통해 인간이 현재 가지고 있는 거룩의 기준을 가지고는 하나님 나라에 갈 수 없다는 것을 알아야만 한다. 거룩의 최고점을 찍었다는 그들조차 거룩의 기준에 닿지 못했다는 것은 인간적인 기준을 버려야 한다는 것을 말하는 것이다.

우리가 세운 기준, 그 불편한 진실들

당시 서기관이나 바리새인은 그들 나름대로 열심히 거룩을 추구했다. 그들이 예수님을 찾아다닌 것도 '혹시 예수님이 가장 거룩하신 분이 아닐까' 해서였다. 예수님에 대해 실망한 이유도 거룩의 문제였다. 그렇게 그들은 거룩의 표본을 찾고 자신들만의 기준을 만들어 나갔다. 그리고 그 법을 지켜 나가면서 그 안에서 희망을 찾으려고 했다.

우리의 모습도 이와 비슷하다. 우리는 우리가 만든 기준 안에 거하면 안심한다. 그런데 그 기준이란 것들을 돌아보면 정작 하나님의 뜻과는 전혀 상관없는 것들이 많다. 우리는 교회에 갈 때 정장 혹은 깔끔한 옷을 입어야 한다고 생각한다. 그리고 주일예배를 드릴 것이라면 오전 예배소위 말하는 대예배를 드려야 한다고 생각한다. 미국의 일부 한인 교회는 건물을 빌려서 교회를 운영하다 보니 주일예배를 오후 두 시에 드리기도 하는데, 그런 교회들은 부흥하기가 어렵다고 한다. 사람들이 어떻게 주일예배를 열한 시에 드리지 않고 오후 두 시에 드리느냐면서 꺼리는 것이다.

물론 하나님 앞에 나아갈 때, 더욱 준비된 모습으로 깔끔하고 단정한 옷을 입으려는 것은 좋다. 그러나 그것이 거룩의 기준은 아니다. 반바지 입고 예배 드리러 갔다고 해서 불경건한 것이 아니라는 것이다. 또한 주일 오전 예배가 제일 거룩하다는 것도 우리의 편견일 뿐이다.

그렇게 우리는 우리가 세운 기준 안에서 행하면 '주일 잘 보냈다, 오늘 예배 잘 드렸다' 하며 안심한다. '처벌과 축복'에 근거한 거룩 안에 갇혀 있는 것이다. 이제 그 기준과 틀 밖으로 나와야 한다. 어차피 우리는 서기관이나 바리새인만큼 엄격할 수도 없고 그들보다 더 잘할 수도 없다. 예수님은 "내가 진실로 너희에게 이르노니 세리들과 창녀들이 너희보다 먼저 하나님의 나라에 들어가리라"마 21:31고 하셨다. 하나님의 기준은 인간의 기준과 분명히 다름을 기억해야 한다. 기존의 기준에 얽매이는 것에서 벗어나는 것이야말로 우리의 사명인 것이다. 성령의 키워드key word는 '사랑과 자유'다. 그 자유로움 안에서 새롭게 하나님의 기준을 잡아야 한다.

  사람을 살리는 것은 영이다. 육적인 것, 인간적인 것은 영혼을 살리는 것에 있어서 무익하다. 이제 거룩의 기준을 바로잡아야 한다. 그리고 바꾸기 위해서 먼저 기존에 내가 가지고 있던 거룩의 기준을 철저히 들여다봐야 한다. 그래야 자유를 누리고, 자유한 사람을 만들어 낼 수 있다.

❶ 그동안 내가 거룩의 모델로 삼은 사람이 있었는지, 있었다면 그 사람의 어떤 모습을 닮고 싶어 했는지 생각해 봅시다.

❷ 다른 사람을 볼 때 태도나 행동으로 그의 거룩의 정도를 측정하지는 않았는지 생각해 봅시다.

하나님, 저는 거룩의 기준을 저 자신에게 맞추며 살아왔습니다. 제가 존경하는 사람을 기준으로 삼기도 했습니다. 그러면서 저 자신이 나름대로 거룩하게 살려고 노력한다고 생각했습니다. 하나님과 상관없는 그 허상의 거룩을 붙들고 살아왔습니다. 이제 하나님과 상관없이 제 만족과 평안을 위해 추구했던 거룩의 길을 포기하겠습니다. 제가 붙들고 있던 거룩의 기준을 무너뜨리겠습니다. 그 안에서 쓸데없이 스트레스와 부담만 가졌던 제 모습을 보며 하나님이 얼마나 안타까워하실지 이제야 알게 되었습니다. 하나님, 이제 저의 행복을 책임질 수 있으신 유일한 분이신 하나님께 저의 길을 맡기겠습니다. 저의 기준을 하나님께 맞추겠습니다.

24. 내가 생각하는 거룩의 수준은 하나님이 원하시는 수준일까?

"예수께서 대답하시되 진실로 진실로 네게 이르노니 사람이 물과 성령으로 나지 아니하면 하나님의 나라에 들어갈 수 없느니라 육으로 난 것은 육이요 영으로 난 것은 영이니" 요한복음 3:5-6

목사님, 부끄럽지만 저는 제 스스로 자랑할 만한 것이 하나 있습니다. 바로 스스로에게 매우 엄격하다는 것입니다. 완벽주의라고나 할까요? 어떤 일을 하든 대충 하는 것을 싫어합니다. 신앙생활에 있어서도 마찬가지고요. 하나님 앞에 다짐하고 계획한 것이 있으면 반드시 지키려고 노력합니다. 그때의 뿌듯함은 정말 말로 표현할 수가 없습니다. 제 스스로가 정말 자랑스럽고 멋져 보입니다. 그런데 그런 저도 가끔 약속을 못 지킬 때가 있습니다. 어쩌다 너무 바쁘고 몸이 좋지 않아 하나님 앞에 계획한 것을 해내지 못할 때가 있곤 합니다. 그럴 때면 정말 우울하고 어찌할 바를 모르겠습니다. 큰 죄를 지은 것만 같아서 괴롭습니다. 지치고 좌절하게 됩니다.

우리가 추구해야 할 거룩의 기준은 무엇인가?

어떤 학교에서 시험 때 부정행위를 근절하기 위해 CCTV closed circuit television를 설치해 놓고 학생들을 관찰했다고 한다. 하지만 학생들은 CCTV를 설치한다는 이야기를 듣고도 설마 들킬까 하는 생각에 커닝 cunning, 바른 표현으로는 cheating했고 결국 그 학생들은 모두 적발이 되었다. 그렇게 커닝을 한 학생들은 모두 0점 처리가 되었는데, 놀랍게도 그 학생 중에는 모범생도 있었고 반장도 있었다. 그들은 공부를 열심히 해놓고도 조금이라도 더 높은 점수를 얻기 위해 커닝까지 감행한 것이다. 그러나 아무리 시험을 잘 봤다고 해도 '남의 것을 보고 베끼는 것은 금지'라는 기준을 어겼다면 0점이다. 한 문제 커닝했든, 모조리 커닝했든, 그들이 받을 수 있는 것은 0점일 뿐이다. 이처럼 기준이라는 것은 매우 중요하다. 제아무리 '열심히', '잘' 신앙생활을 했다고 해도 하나님이 정하신 기준에서 벗어나면 소용이 없다.

그렇다면 하나님이 정하신 기준이란 무엇일까? 우리가 추구해야 할 거룩의 기준은 어떤 것일까? 우리는 거룩을 너무 어렵게만 생각한다. 광활하고 놀라운 대자연을 바라볼 때면 멋있다고 생각하면서도 한편으로는 약간의 두려움을 느끼기도 한다. 우리가 생각하는 거룩도 이와 비슷하다. 거룩이란 '멋있으면서도 두려운 것'일 때가 많은데, 그렇게 두려움을 느끼지만 경외심이 들면서 또 따르고 싶어진다. 그런데 거룩을 추구하는 데 있어 자기 자신만 따로 구별되는 것은 싫어한다. 그래서 함께 구별되려고 한다. 같은 생각을 하는 사람들끼리 모이려고 한다. 그 안에서 다시 나름대로 거룩을 경험한다. 혼자 구별되는 것을 두려워하다가도 함께 구별되면 안심하고 만족을 누리게 되는 것이다. 그리고 그것을 멋있고 제대로 된 것이라 생각하곤 한다.

그런데 문제는 그 거룩의 기준이 하나님의 기준과 다르기 때문에 죄 가운데로 구별되고도 뭐가 잘못 되었는지 모른다는 것이다. 그래서 음란하고 퇴폐적인 문화를 즐기는 자들이 함께 모여 그 안에서 멋을 추구하고 나름의 거룩**구별**을 경험하기도 한다.

몇 년 전 미국 가수인 레이디 가가Lady GaGa의 공연이 한국에서 있었다. 그때 그 공연을 본 많은 사람은 신적 황홀감trance, 신적 접촉을 느꼈다고 말하기도 했다. 그들에게 있어서는 그 자리가 거룩을 경험하는 자리였던 것이다. 그러나 세상에 있는 것이 아무리 그럴듯해 보여도 하나님으로부터 온 것이 아니면 거룩한 것이 아니다.

내가 멋있다고 생각하는 것, 그것이 바로 지금 내 거룩의 수준

물론 성도 대부분은 앞에 언급한 사람들처럼 이상한 문화를 좇지는 않는다. 그러나 우리가 지금 따르고 있는 것, 멋있다고 좇고 있는 것도 돌아보면 하나님과 거리가 먼 것이 많다. 부자 되는 것, 건강해지는 것, 가족 간의 화평, 방이 많은 집에 사는 것 등 막상 우리가 추구하고 있는 것은 하나님의 기준이 아니라 나의 기준에서 멋있다고 생각하는 것이

대부분이다. 별문제 없이 교회도 다니고 봉사도 하고 기도도 하지만, 우리는 나도 모르는 사이에 하나님의 기준이 아니라 나의 기준에 멋있다고 생각하는 것을 따르고 있는 것이다.

지금 우리가 멋있다고 생각하는 것이 돈, 학벌, 명예, 인간관계 등이라면 이것이 바로 우리 거룩의 수준이다. 우리는 이 방면으로 구별되고 싶어 하는 것이다. 문제는 이런 것을 추구하고 살면서도 그것이 문제인 것을 모른다는 점이다. 음란하고 저급한 문화를 좇는 사람을 보고 문제라고 생각하면서도 나 자신은 거룩의 수준에 문제가 없다고 여기는 것이다.

이러한 문제점은 성도뿐만 아니라 교회에서도 나타난다. 일부 교회는 계속해서 성장하여 큰 교회를 세우고 성도가 많아지는 것을 추구한다. 그리고 그것이 하나님의 뜻을 이루는 거룩한 것이라고 믿는다. 그러나 이런 것이 과연 하나님의 기준에 합당한 거룩일까? 그것은 단지 목회자의 바람이자 인간적인 수준에 머무는 거룩일 수 있다. 그러니 '나는 레이디 가가를 좇는 사람들과는 다르기 때문에 나 나름대로 괜찮고 온건하다'라고 생각하면 오산이다. 우리가 추구하는 것이 '소박하고 대중적이니까 문제없다'고 생각해서는 안 된다.

거룩이란 '성취'가 아닌 하나님이 뜻하신 수준을 바로 '아는 것'

거의 모든 종교는 "너희가 고행을 통해 무엇인가를 성취하면 거룩해진다"고 말한다. 이슬람교의 경우가 성취와 수행을 거룩으로 보는 대표적인 종교이다. 그래서 거룩한 전쟁에서 누군가를 죽이는 것이 최고로 멋있고 거룩한 사람이며 낙원에 가는 길이라고 가르친다. 그러나 기독교는 그렇지 않다. 하나님은 모두가 멋있어지고 거룩해지길 원하신다. 영으로부터 시작되는 거룩을 원하시는 것이다. 많은 이가 그런 하나님의 뜻을 이해하지 못하고 계속 육적으로 무엇을 성취했는가만 이야기한다. 소그룹에서도 무엇인가를 서로 나누라고 하면 고민부터 한다. 육적으로 무엇을, 어떻게 성취했는지만 생각하다 보니 할 말이 없는 것이다. 그렇다면 우리는 육적인 성취나 수행이 아닌 어떤 것을 붙들어야 하는 것일까?

그것은 바로 거듭나는 것이다. 행위나 업적으로 인해서가 아니라 영적으로 천국에 걸맞은 사람으로 다시 태어나야 하는 것이다. 이는 예수님을 믿음으로써 가능하다롬 1:17. 곧 율법의 행위나 인간적 성취와 별개로 예수님을 믿음으로써 거룩해지는 것이 가능하다는 것이다.

예수 믿는 자가 거룩해진다는 그 단순한 원리를 기억하자. 예수 믿는 것이 그 자체로 가장 멋있는 것임을 기억하자. 이 원리를 제쳐 두고 잘 먹고 잘살아야 행복할 것이라고만 생각하며 그것에 목적을 두었던 우리의 거룩의 수준을 수정해 나가자.

마음 들여다보기

❶ 내 나름대로 신앙생활의 기준을 잘 세우고 잘 지킨다고 해서 문제없는 신앙인이라고 자만하지는 않았는지 돌아봅시다.

❷ 세상의 유흥 문화, 타락한 문화를 추구하는 사람과 나는 전혀 다른 존재라고 생각하며 안일하게 살아오지는 않았는지 돌아봅시다.

하나님만 바라보기

하나님, 저는 저의 생각에 맞추어 신앙생활을 했습니다. 제가 계획한 대로 잘 지키고 있으니 제 나름대로 수준 있는 신앙인이라고 자부하기까지 했습니다. 그러나 이제 그것이 그릇된 것임을 알았습니다. 무엇인가를 이루고 성취하는 것이 거룩이 아니라, 하나님이 뜻하신 것에 맞추는 것이 진정한 거룩임을 알았습니다. 그 뜻에 맞추어 다시 태어나는 것이 핵심임을 알았습니다. 오랫동안 제가 고수해 온 기준 대신에 하나님이 제시해 주신 그 기준에 저를 맞추겠습니다. 거룩에 대해 오해했던 부분을 돌이키고 하나님이 인정하시는 거룩에 도달하기 위해 겸손히 다시 시작하겠습니다.

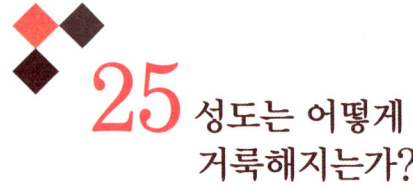

25 성도는 어떻게 거룩해지는가?

"너희는 세상의 소금이니 소금이 만일 그 맛을 잃으면 무엇으로 짜게 하리요 후에는 아무 쓸 데 없어 다만 밖에 버려져 사람에게 밟힐 뿐이니라 너희는 세상의 빛이라 산 위에 있는 동네가 숨겨지지 못할 것이요." 마태복음 5:13-14

목사님, '거룩' 하면 개인적으로 가장 먼저 떠오르는 것이 거룩한 삶의 모습입니다. 가끔 말로는 거룩, 거룩을 외치는데 정작 삶과 행동은 거룩과는 다른 사람들이 많잖아요. 저는 그것이 정말 보기 싫습니다. 그래서 행동으로, 삶으로 거룩을 보여 주고 싶습니다. 그래서 철저히 저의 행동을 관리하고 통제하려고 합니다. 아마 저의 이런 모습을 하나님도 기뻐하실 것이라 생각합니다. 그런데 이렇게 살다 보면 가끔 답답하고 괜한 부담감에 눌릴 때가 많습니다. 제 나름대로는 거룩하게 살려고 하는데 왜 이렇게 삶이 행복하지 못한 것일까요? 거룩과 행복은 별개 같다는 느낌마저 듭니다.

성도가 거룩해지는 법 – 1, 2, 3단계

우리가 거룩해지기 위해서는 그 원리를 잘 알아야 한다. 성경을 보면 대략 그 순서를 알 수 있다.

첫 번째 단계는 예수님을 믿는 것이다. 하나님은 분명히 예수 믿는 자를 구별하여 거룩하게 여기겠다고 하셨다. 그러므로 예수님을 온전히 믿지 않으면 그 사람의 삶이 어떠하든 거룩과는 멀어지게 된다. 가끔 우리는 소박한 꿈을 가지고 있는 것에 만족하며 마치 자신이 겸손하고 숭고한 수준에 있다고 착각한다. 그리고 거룩의 길에 들어섰다고 생각한다. 그러나 아무리 욕심 없이 소박한 삶이라고 해도 하나님이 뜻하신 것과 맞지 않으면 아무 소용이 없다. 즉 온전히 예수님을 믿지 않으면 아무 의미가 없는 것이다.

두 번째 단계는 '피'로 말미암아 거룩이 가능해짐을 믿는 것이다 히 9:22. 구약에는 거룩해지기 위해 하나님이 구별하신 짐승의 피로 제사를 드렸다. 그리고 지금은 예수 그리스도의 피로 모든 사람이 거룩해질 수 있게 되었다. 그러나 예수 그리스도의 피를 인정하지 않고 '그것 말고도 더 있겠지' 하고 생각하는 사람이 있다. 그래서 쓸데없는 행위를 추가하려고 한다. 이것은 하나님이 정하신 방법을 무시하는 것이다. 말로는 예수님의 피를 의지한다고 하면서 실제로는 온전히 믿지 않는 셈이다. 예수 그리스도의 피를 인정하고 믿는 것이 거룩의 핵심이다. 실제로 누군가의 피, 그 죽음을 통해 자신이 살았음을 진정으로 믿고 있는 사람은 죄를 지으려는 마음을 갖지 못한다.

세 번째 단계는 회개함으로 거룩해지는 것이다. 평양대부흥운동이 가능했던 것도 회개 때문이었다. 그들은 자신들의 삶 속에 묵혀 놓았던 것들을 다 끄집어냈다. 그 당시 성도들의 회개는 참으로 멋있었다. 우리도 이렇듯 자신의 깊은 곳에 있는 죄를 끄집어낼 수 있어야 한다. 그들처럼 멋진 회개의 수준을 회복해야만 한다. 이것은 절대 쉽지가 않다. 간혹 사람들 중에는 회개를 쉽게 하는 이들이 있다. 그들은 자신이 다른 사람에 비해 가벼운 죄를 지었다고 생각한다. 즉 자신은 큰 죄인이 아니라고 여기기에 쉽게 회개를 할 수 있는 것이다. 이런 자신감은 어디서 나온 것일까? 이 역시 기준을 잘못 세웠기 때문이다.

예를 들어 보자. 100억 원을 빚지든 50만 원 빚지든 빚진 것은 반드시 갚아야 한다. 그런데 "100억 원 빚진 사람도 안 갚으니 50만 원 빚진 나도 안 갚겠다"고 말하는 사람이 있다고 하자. 우리는 그 사람의 판단이 옳다고 이야기할 수 있을까? 만약 그 사람이 50만 원을 나에게 빌려 간 것이라면 나는 과연 뭐라고 말하겠는가.

우리도 이처럼 말도 안 되는 기준을 세운 채 '이 정도의 죄쯤이야'라고 생각하며, 나는 십자가와 상관이 없다고, 나는 괜찮다고 생각할 때가 있다. 그러나 하나님의 자녀로서 하나님께 영광을 돌리려면 자신이 죄인의 괴수魁首임을 고백할 수 있어야 한다. 나름 착하고 열심히 잘 살았다고 해서 자신의 과거에 대해 당당해서는 안 된다. 하나님을 몰랐던 시기라면 다 똑같이 죄인이기 때문이다. 살인마나 도둑만 과거의 죄인이었던 것이 아니다. 그렇기 때문에 남보다 낫다고 생각하는 오만을 버리고 누구든 예수님의 피에 의지하여 회개할 수 있어야 한다.

성도가 거룩해지는 법 – 4, 5, 6단계

사람은 어리석다. 자신이 잘했던 일들을 꺼내 보이면서 하나님도 좀 생각해 보라시고 설득하려 든다. 자신이 평균보다는 낫다는 근거 없는 자신감을 가지고 살아간다. 그러나 그것은 자신이 보고 싶은 것만 보기 때문이다. 자신에게 있는 어두운 부분은 무시한 채 밝은 것들만 보려고 하니 그런 오류를 저지르는 것이다. 이처럼 사람은 스스로는 똑바로 볼 수 없는 나약한 존재이다. 하나님이 밝혀 주시지 않는다면 계속 실수할 수밖에 없는 존재가 바로 사람이다.

이런 나약한 우리를 하나님께서 부르셨다. "하나님이 우리를 부르심은 부정하게 하심이 아니요 거룩하게 하심이니"살전 4:7라는 말씀처럼 우리를 거룩하게 하시기 위해서 부르신 것이다. 그러나 정작 그것을 저버리는 사람이 있다. 또한 회개하면서도 회개의 증거를 보이지 않는 사람이 있다. 삭개오처럼 회개한 이후에 자신이 착취한 것을 다 갚으려 하는 회개의 증거가 있어야 하는데 그것이 없는 것이다.

그렇다면 이러한 한계를 극복하게 해줄 대안은 무엇인가? 앞에서 말한 세 가지 단계에 이어 추가로 우리가 수반해야 할 거룩의 단계가 있다.

거룩에 이르게 하는 네 번째 단계는 바로 말씀이다. 말씀을 들어야 거룩해진다. 우리 안에는 깨끗하고 선한 것이 없다. 말씀을 들어야만 우리 안으로 거룩한 것이 들어간다. 하나님의 감동의 말씀이 선한 일을 할 능력, 거룩하게 살아갈 능력을 주신다. 그러므로 말씀이 중요하다는 것을 명심해야 한다. 만약 말씀에 대한 기대감이 없다면 이미 거룩을 포기한 것이나 마찬가지다.

다섯 번째 단계는 성령을 통해서 거룩해지는 것이다. 우리가 말씀을 대할 때는 반드시 성령께서 도우신다. 성령 안에서 거룩해진다. 성령이 말씀을 통해 회개하게 하시고 생각을 바꾸게 하신다. 그러나 교회에서는 성령의 중요성을 말하면서도 정작 성령충만을 받는 방법에 대해서는 정확하게 가르쳐 주지 않는다. 성도에게 알아서 하라는 식일 때가 많다. 언뜻 당연해 보이고 다 아는 것 같더라도 분명히 이 부분을 가르쳐 주어야 한다. 그렇다면 성령은 언제, 어떻게 임하시는 것일까? 우리가 예수님을 영접할 때, 전심으로 기도할 때, 많은 사람과 함께 기도할 때, 말씀을 들을 때, 안수받을 때, 회개할 때 성령이 강력하게 역사하신다. 그러므로 성령충만하려면 어디에서 무엇을 하고 있을지를 잘 결정해야 한다. 기도의 자리에, 말씀의 자리에 거하면서 성령충만을 빼앗기지 않도록 각오하고 하나님의 기준에서 열심을 내라.

여섯 번째 단계는 거룩한 행위를 하는 것이다. 가끔 점잖고 품위 있는 것을 거룩으로 생각할 때가 있는데 거룩은 그렇게 점잔 빼는 것이 아니다. 거룩은 역동적인 것이다. 자유롭게 뛰어노는 것이다. 다윗은 춤을 추었기에 다른 사람보다 거룩했다삼하 6:14. 또한 거룩은 자기 육체를 의에 내어 드림으로써 가능해진다롬 6:19.

간혹 거룩의 행위를 가장 먼저 이루어야 할 것으로 착각하는 사람들이 있다. 예수님과 그 피를 다 무시한 채 행위적으로 승부를 보려는 것이다. 그러나 이것은 그저 자기 의에 지나지 않는다. 행위는 가장 최종적인 것이다. 예수 그리스도를 믿음으로 시작하여 예수 그리스도를 통한 의로운 행동으로 끝나야 함을 기억해야 한다.

그리고 거룩해진 모습을 가장 가까운 곳에서부터 드러내야 한다. 가정에서, 소그룹에서, 전도할 친한 사람들이 먼저 알아차릴 수 있어야 정상이다. 좀 더 멋지게 구별된 거룩한 성도들이 교회를 통해 배출되기를 소망한다.

❶ 거룩에 있어서 가장 중요한 것이 나의 거룩한 행위를 사람들에게 나타내는 것이라고 생각하지는 않았는지 돌아봅시다.

❷ 예수님을 믿는 것, 예수님의 보혈, 말씀과 성령의 중요성, 이러한 내용을 너무 뻔한 것이라고 생각하여 지겹게 여기고 외면하지는 않았는지 돌아봅시다.

하나님, 그동안 저는 거룩에 대해서 많은 부분을 오해했습니다. 특히 제 나름대로 구상한 거룩의 방법과 순서만을 고수했습니다. 믿음의 기초도 바로 서지 않은 상황에서 그저 행동으로 거룩을 보여 주려고 했고, 하나님이 보시기에 어떠할지는 생각지 않고 사람들 앞에서 거룩하게 보이려고만 했습니다. 그렇게 하나님께 인정받기보다는 사람에게 인정받으려는 마음이 더 컸습니다. 그런 저의 모습을 회개하고 돌이킵니다. 이제 하나님이 제시해 주신 그 방법대로, 그 순서대로 나아가고자 합니다. 그리고 이 방법대로 나아가는 저를 하나님께서 적극적으로 돕고 계신다는 사실을 신뢰합니다. 그런 믿음 가운데서 거룩에 이를 수 있도록 노력하겠습니다.

26 나의 신앙 점검의 기준은 무엇인가?

"예수께서 이르시되 네가 온전하고자 할진대 가서 네 소유를 팔아 가난한 자들에게 주라 그리하면 하늘에서 보화가 네게 있으리라 그리고 와서 나를 따르라 하시니 그 청년이 재물이 많으므로 이 말씀을 듣고 근심하며 가니라" 마태복음 19:21-22

목사님, 저는 워낙 자기 관리에 신경을 많이 쓰는 편이라서 그런지 신앙생활을 할 때도 스스로 점검하며 관리를 잘 합니다. 매일 기도하고 말씀을 묵상하면서 체크하고 수첩에 기록하고, 헌금이나 십일조도 절대 빼먹지 않고 하고 있습니다. 그뿐만 아니라 매달 NGO 단체를 통해 후원도 꾸준히 하고 있고요. 이런 저의 모습이 저 스스로도 뿌듯하고 하나님께서 기뻐하실 것이라는 생각도 듭니다. 물론 저 자신에게도 분명 부족한 점들이 있겠죠. 그러나 지금 제가 행하고 있는 것들만으로도 저는 충분히 잘하고 있다고 믿고 있기 때문에 그것까지는 크게 생각하지 않으려고 합니다.

착각이 방치되고 있는 현실

성도 중에는 자신의 믿음 또는 신앙 상태를 너무 과소평가하며 무조건 "저는 부족해요"라고만 하는 사람이 있다. 반면에 자신을 과대평가하면서 "저는 이 정도면 충분히 잘하고 있다고 생각합니다"라고 하는 사람도 있다. 그렇다면 자신의 믿음과 신앙 상태를 평가하는 기준은 무엇일까? 안타깝게도 대부분의 성도가 제대로 된 기준도 세우지 못한 채 자신을 평가하고 있다. 그저 찬양할 때 감동했는지, 술 마실 때 찔리는지, 주일예배 안 드리면 찜찜한지, 헌금을 꼬박꼬박 했는지 정도로 판단하려고 한다. 십일조를 잘 하지 않은 사람이 병에 걸렸다면 십일조를 안 해서 병에 걸렸다고 생각하고, 교회에서 하라는 대로 다 하는 순종적인 모습이 좋은 신앙의 단면이라고 생각한다. 또한 내가 교회나 하나님을 위해서 어떤 일을 했을 때 '만약 내가 그 일을 하지 않았다면 어떻게 되었을까? 벌을 받았을까?'라는 생각을 하거나, 고난 중에 있는 사람을 향해서 '저 사람은 순종하지 않아서 지금 저렇게 힘든 일을 겪고 있는 거야'라고 생각하기도 한다.

이렇듯 어떤 행위를 했을 때와 안 했을 때를 기준으로 믿음과 신앙 상태를 점검하려고 한다. 하지만 이것이 믿음과 신앙 상태를 평가하는 기준이라고 함부로 말할 수는 없다. 이는 하나님의 기준과 내 기준이 다르기 때문에 생기는 일로, 이러한 기준들이 오히려 착각을 일으키게 하는 경우가 많다.

그런데 안타깝게도 교회가 성도들의 그런 착각을 내버려 둔다. 더 크게 헌신해야 더 큰 복을 받는다 말하면서 오히려 더 착각하게 만들기도 한다. 착각인 줄 알면서도 그렇게 내버려 두는 이유는 교회라는 공동체에 유익이 되기 때문이다. 열등감과 우월함을 적절히 강조하면 성도들에게서 교회에 필요한 에너지가 나오기 때문이다. 또한 아이러니하게도 성도들 스스로도 이러한 착각에서 깨는 것을 꺼려한다. 착각인 줄 알게 되어도 그 기준을 바꾸게 될까 봐 두려워한다. 만에 하나 그 착각에서 벗어나서 행동했다가 축복은 고사하고 하나님께 벌을 받으면 어쩌나 하고 생각한다. 이처럼 오늘날은 교회와 성도가 올바른 기준을 알려고도 하지 않고 모두 비정상적인 방향으로 가고 있다. 그러나 하나님은 우리가 정상으로 돌아오기를 원하신다. 그래야 정상적인 사람들을 데리고 하나님의 일을 마음껏 하실 수 있기 때문이다.

지킬 수 있는 것은 당연하고 못 지키는 것도 지켜야 한다

마태복음 19장을 보면 예수님은 영생을 얻겠다고 온 부자 청년에게 모든 재산을 버리라고 말씀하셨다. 그러자 부자 청년은 심히 당황했다. 자신은 율법을 잘 지켰기에 영생을 얻는 데는 문제없을뿐더러 칭찬을 받을 것으로 생각했는데, 재산을 버려야 영생을 얻을 수 있다고 하시니 놀란 것이다. 그에게 다른 것을 지키는 것은 쉬웠다. 하지만 물질을 버리는 것은 어려운 일이었다. 물질은 그의 전부였고, 그에게 있어서 물질은 믿음과 신앙을 평가하는 기준이 아니었기 때문이다. 반대로 어떤 사람에게 물질을 버리는 것은 쉬운 일인데 다른 부분을 버리거나 지키는 것은 당혹스러울 정도로 어려울 수도 있다.

우리도 마찬가지이다. 내가 지금 잘하는 것, 민감하게 잘 지키고 있는 것만 생각하며 그것으로 자신의 신앙 상태를 평가하려 해서는 안 된다. 그것이 하나님이 세우신 기준의 전부가 아닐 수 있기 때문이다. 내가 지키지 못하고 있는 것, 내가 쉽게 하지 못하는 것이라 해도 하나님의 기준이라면 그것까지도 온전하게 지킬 수 있어야 한다. 일단 신앙생활을 하기로 결단했다면 이전에 자신이 주님을 몰랐을 때보다는 더 잘하려는 생각만 해야 한다. 즉 신앙생활을 시작했으면 앞만 보며 '잘할 생각만 하자'고 마음먹어야지, 예수님을 믿지 않았을 때와 비교하며 '그때보다는 낫다'고 생각하면서 자신이 세운 기준에 만족해서는 안 된다. 부자 청년처럼 자신은 무엇이든지 잘하고 있다는 자부심으로 나오면 예수님은 잘못하고 있는 것을 짚으신다.

신앙생활을 한다는 것은 결코 쉬운 일이 아니다. 새로 무엇인가를 시작하고 그 길을 걷게 되었다면 예전에는 듣지 못했던 책망도 듣게 될 수 있다. 제자들만 해도 예수님을 안 따라다녔으면 고생도, 책망 들을 일도 없었을 것이다. 그러나 제자의 길을 걷기로 했기에 남들이 듣지 않는 책망도 들어야 하고 훈련도 받아야 했던 것이다. 이처럼 온전하게 하나님의 뜻을 따르려면 과거의 모습만을 바라거나 지금 상태의 모습에 안주해서는 안 된다. 불편함을 감내해서라도 하나님께서 원하시는 일이 무엇인지 살펴야 한다.

우리는 "먼저 된 자가 나중 되고 나중 된 자가 먼저 될 수 있다"마 19:30는 것을 알아야 한다. 일찍 예수님 믿었다고 인센티브나 유리한 점이 있다고 착각해서는 안 된다. 먼저 믿게 되었다는 사실에 감사할 뿐 그것이 교만과 자랑이 되어서는 안 된다.

우리는 연약하고 부족한 존재이다. 하나님도 우리의 그런 모습을 다 아시고 변화될 수 있도록 도우신다. 그러므로 내가 잘하는 것이나 착한 모습만 보이려고 할 필요가 없다. 그런 모습만 드러내며 자랑하거나 안주하려고 해서는 안 된다. 교회에서 착한 척하고 좋은 면만 드러내려고 하는 것이 오히려 지옥의 모습이 될 수 있다. 부족하고 좋아 보이지 않는 모습을 내려놓고 고쳐 갈 때 교회가 천국이 된다.

❶ 나 자신의 신앙 상태를 점검하는 나만의 기준은 무엇인지 생각해 봅시다.

❷ 신앙생활과 관련하여 내가 자신 있어 하는 부분과 자신 없어 하는 부분, 또 도저히 못 지킬 것 같아 포기했던 부분을 한 가지씩 생각해 봅시다.

하나님, 저는 그동안 저만의 기준을 가지고 제 신앙생활을 평가해 왔습니다. 그리고 아무런 문제가 없다고 자신해 왔습니다. 그것이 얼마나 착각이었고 교만이었는지를 이제야 알았습니다. 하나님을 위하여 한 것이 아니라 저 자신의 욕심을 위하여 한 것인데 저는 그것이 하나님을 향한 열정이라며 자부했습니다. 또한 제가 하기 싫어하는 부분들은 굳이 하지 않아도 된다고 생각하며 안일한 마음을 가졌습니다. 이처럼 모든 것이 제 방식, 제 마음대로였습니다. 이제는 하나님 뜻대로 사는 사람이 되고 싶습니다. 제 판단과 제 기준을 모두 버리고 하나님께서 하라고 하시는 대로 살고 싶습니다. 그동안 거부하고 외면했던 일도 이제는 하나님을 생각하며 도전하겠습니다. 비록 인간적으로 생각하면 어렵겠지만 하나님의 도우심을 믿으며 결단합니다.

27 거룩함, 어떻게 지킬 수 있을까?

"사데 교회의 사자에게 편지하라 하나님의 일곱 영과 일곱 별을 가지신 이가 이르시되 내가 네 행위를 아노니 네가 살았다 하는 이름은 가졌으나 죽은 자로다" 요한계시록 3:1

목사님, 저는 신앙생활을 처음 시작할 때만 해도 죄에 대한 결벽증 같은 것이 있었습니다. 그래서 엄청나게 조심하며 하루하루를 살았습니다. 하나님의 은혜에 감사해서 깨끗한 내 삶의 모습으로 하나님을 기쁘시게 하고 싶었습니다. 어쩌다가 작은 선의의 거짓말을 해도 하나님 앞에 회개할 정도였으니까요. 그때는 정말 회개가 입에 붙어 있었고 늘 조심했습니다. 그런데 신앙 연수가 늘어나면서 이제는 그런 것에 무뎌진 것 같습니다. 죄를 지어도 특별히 마음에 걸리는 것이 없습니다. 나중에 한 번에 몰아서 회개해야겠다고 생각하거나 어차피 하나님이 용서해 주실 테니 일단 마음껏 하고 싶은 대로 하자고 생각할 때도 있습니다.

죄의 문은 너무 넓다

성경말씀을 한마디로 요약하자면 '하나님 뜻대로 살면 살고, 자기 뜻대로 살면 죽는다'라고 할 수 있다. 자기 뜻대로 산다는 것은 이처럼 크나큰 문제고 죄악이지만 세상은 그것에 대해 말해 주지 않는다. 오로지 성경만이 그것을 분명하게 짚어 주고 있다. 자기 뜻대로 살기로 결정한 인류 최초의 사건이 바로 선악과를 따 먹은 사건이다. 이것이 씨앗이 되어 인류에 죄의 열매가 맺히기 시작했다. 크든 작든 죄의 열매는 다 자기 뜻대로 산 것에 따른 것으로, 선악과 사건을 시작으로 우리는 죄의 문에 쉽게 들어가게 되었다. '아비 아담도 그리했고, 어미 하와도 그리했으니 나도 해도 괜찮겠지' 하면서 아무렇지 않게 죄의 문으로 들어가게 된 것이다. 마음먹고 죄 짓는 사람도 있지만 마음먹지 않고도 쉽게 죄지을 수 있게 되었다. 특히 죄를 지으면서 희열을 느끼기도 하며 '누군가가 보지만 않는다면' 죄를 지어도 된다는 사고가 팽배해졌다.

실제로는 죽었는데 산 것으로 보일 수도 있다

이것은 교회에서도 마찬가지다. 앞에서도 말했듯이 하나님은 사데 교회를 향해 "살았다고 하지만 실은 죽었다"계 3:1고 말씀하셨다. 이것은 분명히 믿는 자들을 대상으로 하신 말씀이다. 즉 교회에 다니고 하나님을 섬긴다고는 하지만 실상은 죄에 장악되어 있고 심지어는 죽어 있다는 것이다. 하나님이 죽었다고 말씀하셨다는 것은 하나님과의 관계가 끝났다는 것이고 영원히 죽게 되었다는 것이다.

또한 하나님은 교회를 향해 "온전한 행위를 찾지 못했다"계 3:2고 하셨다. 하나님은 사탄과 달리 어떻게든 좋은 것을 찾고 용서할 만한 것을 찾으시는 분인데, 그런 하나님이 찾지 못하겠다고 하신 것이다.

하나님은 우리를 자신의 형상으로 만드셨고 자녀가 되기를 원하셨다. 그러기 위해서는 우리가 하나님 앞에서 온전해야 한다. 어떤 부분은 하나님과 맞으니까 다른 부분은 안 맞아도 되는 것이 아니다. 이 부분은 잘하니까 저 부분은 못해도 된다고 합리화해서는 안 된다. 죄의 능력은 아주 강력해서 한 부분이라도 쉽게 허용해서는 안 된다. 하나님과 함께하기 위해서는 철저히 잘못된 부분을 제거해 나가고 점검해 나가야 한다. 한 부분이라도 어둡다면 전체가 어두워지는 것은 시간문제이기 때문이다. 이것이 바로 나쁜 것일수록 더욱 빠르게 번져 가는 죄의 현실이다. 그러므로 우리는 더욱더 경각심을 가져야만 한다.

남은 거룩에 심폐 소생술을

사탄은 하나님의 사랑을 빙자하여 죄를 허용하려고 한다. 심지어 우리에게 지옥이 없다고 속삭이기도 한다. 그래서 기독교의 최고 가치인 하나님의 놀라우신 사랑이 때로는 이 세상에서 최대의 단점인 것처럼 취급되기도 한다. 심지어 그것을 이용하려는 사람들까지 생긴다.

이제 우리는 남아 있는 거룩의 모양을 찾아야 한다. 그리고 죽어 가는 거룩을 발견해 내야 한다. 그것을 반드시 발견하여 살려 나갈 때, 예수님을 믿은 이후에도 우리에게 열려 있는 죄의 문 앞에서 우리가 계속 긴장을 늦추지 않을 수 있다.

수험생이 시험을 잘 보려면 시험이 끝날 때까지는 긴장해야 한다. 배운 것을 반복하고 외우고 또 외우며 쉬고 싶어도 참아야 한다. 대신 시험을 다 보고 나면 그때는 여유롭게 쉬어도 된다. 열심히 공부한 사람만이 시험 이후에 카타르시스catharsis를 느낄 수 있듯이 우리도 사탄의 시험 앞에서 흐지부지한 자세로 있어서는 안 된다. 긴장을 늦추지 않고 정신을 바짝 차려야 한다. 그럴 때 성취감도 오고 쉼도 찾아온다.

우리는 거룩함을 지키기 위해서 하나님께 어떻게 가르침을 받았으며 어떻게 들었는지 생각하고 지켜 회개해야 한다계 3:3. 어떤 식으로 죄를 짓는지 내력도 파악할 수 있어야 하고, 이를 통해 더 조심할 수 있어야 한다. 혹은 아직 나타나지는 않았지만 앞으로 충분히 나타날 수 있는 죄의 위험성까지도 고려하며 긴장해야 한다. 사탄이 연약한 인간을 어떻게 조종하고 유혹할지 아무도 모르기 때문이다.

하나님이 사데 교회에 하신 충격적인 말씀이 만약 우리에게도 임했다면, 우리는 다시는 이런 평가를 받지 않도록 해야 할 것이다. 한 번의 경고에 긴장하며 더는 내 뜻대로 살지 않도록 고군분투해야 한다. 사탄의 속삭임에 휩싸이지 말고 하나님께로부터 받은 거룩의 모습으로 우리 자신을 더 끌어올려야 한다.

마음 들여다보기

❶ 나에게 가장 반복적으로 나타나는 죄는 무엇인지 생각해 봅시다. 또 그것을 경계하기 위해 얼마나 노력하고 있는지 돌아봅시다.

❷ 지금 당장은 나와 상관없어 보이지만 시간이 흐르면서 나에게도 나타날 수 있는 죄의 가능성이 있음을 떠올리며, 어떻게 해야 그것에 대한 긴장감을 가지며 생활할 수 있는지 생각해 봅시다.

하나님만 바라보기

하나님, 저는 그동안 죄에 너무 익숙해져 있었습니다. 사람이니 어쩔 수 없다고 여기며 죄를 짓는 저의 모습을 합리화시키곤 했습니다. 그리고 거룩하라고 말씀하시는 하나님의 명령 앞에서 인간이 어떻게 거룩해지냐며 그 말씀을 외면하곤 했습니다. 그래서인지 사탄의 유혹에도 쉽게 넘어가고 시험 앞에서도 늘 흔들리곤 했습니다. 그런 것이 자꾸 반복되다 보니 죄책감마저도 사라졌습니다. 하나님, 그럼에도 저를 버리지 않으시고 끝까지 경고해 주시고 책망해 주시니 감사드립니다. 이제는 온전히 돌이켜서 죄악을 떠나기 위해 고군분투하겠습니다. 거의 다 사라져 없어지고 있는 거룩의 모양을 어떻게든 다시 살려 보겠습니다. 다시는 흔들리지 않도록 주님의 손을 꼭 붙들겠습니다.

28 여전히 나만의 우상을 숭배하고 있지는 않는가?

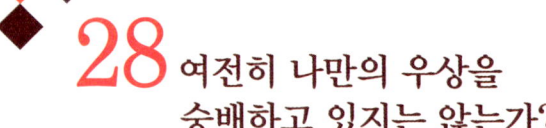

"에베소에 사는 유대인과 헬라인들이 다 이 일을 알고 두려워하며 주 예수의 이름을 높이고 믿은 사람들이 많이 와서 자복하여 행한 일을 알리며 또 마술을 행하던 많은 사람이 그 책을 모아 가지고 와서 모든 사람 앞에서 불사르니 그 책 값을 계산한즉 은 오만이나 되더라" 사도행전 19:17-19

목사님, 저는 교회 다니기 전에 꽤 잘나가던 사람이었습니다. 대기업에서 인정받으며 직장 생활을 했고 많은 사람으로부터 호감을 사곤 했습니다. 그러다가 갑자기 몸이 좋지 않아 모든 일을 그만두게 되었고 그야말로 바닥까지 떨어지게 되었습니다. 정말 몸이 안 좋으니 아무것도 할 수가 없고 과거의 그 모든 영광이 휴지 조각처럼 되더라고요. 그러던 중에 전도받아 교회를 다니게 되었습니다. 감사하게도 몸도 많이 좋아져서 이제는 새 삶을 시작할 수 있게 되었습니다. 그런데 나름대로 즐겁게 신앙생활을 하고 있기는 하지만 자꾸 옛날이 그리워지곤 합니다. 경제적으로도 여유롭고 사람들에게 인정받으며 살았던 때로 돌아가고만 싶습니다. 겉으로는 하나님의 영광을 위해 살겠다고 말하지만, 사실 저의 내면에는 자꾸 과거에서 벗어나지 못한 채 그때의 영광만 추구하게 됩니다.

옛사랑을 못 잊는 신앙

참 묘한 일이 있다. 신앙생활과 악한 생활을 병행하는 것이 어렵지 않다. 악한 사람이 악한 길을 버리지 않고도 아무렇지 않게 신앙생활하는 모습을 볼 수 있다. 엄밀히 말하면 이것은 신앙생활이라고 할 수도 없다. '교회 생활'이라는 표현이 더 잘 어울린다. 이런 사람은 온전한 회개를 하지 않았고 물의 세례침례도 형식적으로만 받은 사람이다. 성령 체험을 했다 해도 성령과 동행할 수는 없는 사람이다. 그 안에는 여전히 자기 생각으로만 가득 차있기 때문이다.

바울이 회당에서 하나님의 말씀을 가르칠 때 마음이 완고해져서 믿기를 거부하고 가르침을 비방하는 사람들이 있었다행 19:9. 이들 역시 하나님의 말씀을 안다고는 하지만 회개하지 않은 사람들이었다. 이들처럼 회개하기 싫어하는 사람은 항상 남의 죄를 이야기해서 '저 사람보다는 내가 착하다'는 것을 드러낸다. 그러면서 남을 비방하는 것이다. 그것이 그들에게는 자신의 의를 드러낼 수 있는 유일한 길이었다. 9억 원 사기 친 사람이 "10억 원 사기 친 사람보다는 내가 착하다"고 말하는 것과 같다. 이러한 생각에 사로잡혀 있으면 계속해서 회개를 거부하게 된다.

안타깝게도 신앙생활, 아니 교회 생활을 하면서도 과거에서 벗어나지 못하는 사람이 많다. 마치 옛사랑을 못 잊는 것처럼 과거를 돌이키고 극복하지 못한다. 그러면서도 정작 자신은 주일성수를 잘 하고 있으므로 신앙생활을 잘하고 있다고 생각한다.

우상 숭배 스타일의 신앙

우리는 이스라엘 백성이 범했던 죄악이 우상 숭배라고 생각한다. 그러나 그들의 문제는 비단 우상 숭배에만 있었던 것이 아니다. 그들은 우상 숭배를 하듯이 하나님을 섬겼는데 이것 역시 큰 문제였다. 그들은 그런 방식으로 하나님을 섬기면서 나름대로 평안함마저 가지고 있었다. 우상을 숭배하는 것만큼이나 하나님이 그것을 싫어하시는데도 깨닫지 못했다.

그렇다면 하나님을 향한 그들의 신앙이 왜 우상 숭배와 같다고 하는 것일까? 우상은 자기 잘됨의 형상이다. 다산을 바라면 다산의 신을 만들고, 풍요를 바라면 풍요의 신을 만든다. 이렇게 우상을 만들면 눈앞에 그 형상이 보인다. 보이는 것에 비는 것은 쉽다. 사람은 나무, 돌, 해 등 보이는 것에 의미를 부여한다. 그들은 이런 형상들처럼 하나님이 보여야만 믿으려 했다. 하나님께서 그토록 많은 역사와 증거를 보여 주었지만 그들은 또다시 보이지 않는 하나님을 의심하며 믿지 못했다.

오늘날 성도들도 마찬가지이다. 하나님은 보이지 않으니 뭔가 보이는 것을 따로 구한다. 그래서 눈에 보이는 위대한 목사, 위대한 교주, 위대한 멘토 등을 붙잡고 그 사람의 삶을 통해 자신의 신앙을 점검하려고 한다. 하나님이 아닌 대체물을 잡는 것이다. 또한 눈에 보이는 장소를 숭배하려고 한다. 그렇게 장소를 숭배하기 때문에 "이 교회에 기도가 많이 쌓였다"는 말을 하기도 한다. 그러나 이것은 장소를 숭배하는 것으로, 산세 좋고 풍수 좋은 곳에 찾아가서 기도해야 응답이 빠르다고 믿는 것과 다르지 않다.

어떤 성도는 물건에 영적 의미를 부여한다. 머리가 아프면 어머니의 낡은 성경책을 베고 눕고, 차를 사면 십자가를 걸어야 더 안전할 것 같다. 우리는 어느 장소에 가야만 하나님을 만나고, 어떤 물건을 통해야만 하나님과 대화할 수 있는 것이 아니다. 예수님을 통해 하나님께 나아갈 길을 얻은 자라면 어디에서든 하나님과 소통할 수 있다.

회개하고 우상을 버리는 신앙을 향하여

에베소 사람들은 우상을 섬겼고 우상을 통해 돈을 벌었다. 또한 마법책, 요술 책, 신접하는 책 등 우상과 관련된 많은 책이 있었다. 그랬던 그들이 예수를 믿고 난 후 그런 것들이 가치 없다는 것을 알게 되자 모두 불태웠는데, 그들이 버리고 태운 우상과 관련된 책의 가격이 무려 은 5만이나 되었다행 19:19. 사실 그들은 그런 것들을 버리지 않은 채로 그냥 예수님을 영접할 수도 있었다. 값비싼 우상이나 책들은 그대로 놔두고 우상 숭배 행위만 그만둘 수도 있었다. 그러나 그들은 우상 숭배와 관련된 모든 것을 완전히 포기하고 버렸다. 하나님께서 원하시는 가치와 기쁨만을 생각하기로 한 것이다.

우리는 과연 무엇을 포기하고 있는가? 우리는 하나님을 믿는다고 하지만 포기해야 할 것들 앞에서 망설이고 있지는 않은가? 아무것도 포기하지 않은 채 여전히 자식 숭배, 자기 숭배, 돈 숭배를 하며 눈에 보이는 것들을 의지하고 있지는 않은가? 더 나아가 우리 눈에 무엇인가를 보여 주셔야 믿겠다고 하나님께 우기고 있지는 않은가?

우리가 붙들어야 할 것은 하나님의 기쁨이 되려는 마음 자세다. 그런데 우리는 아무것도 버리지 못한 채 다 같이 끌고 가려고만 한다. 과거도, 나만의 우상도 다 안고 가려고 한다. 이런 것들이 나를 유익하게 만들 것 같기 때문이다. 버릴 경우 나에게 유익이 얼마이고 불이익이 얼마일지, 위험 부담은 어느 정도일지, 버렸는데도 하나님께서 원하는 것을 안 이루어 주시면 어떻게 할지 등을 끊임없이 계산한다.

바울은 누구에게나 똑같이 예수님을 증거했지만 받아들이지 못한 채 대적한 사람들이 있었고 온전히 받아들이며 변화된 사람들이 있었다. 이제 계산기만 두드릴 것이 아니라 빨리 하나를 택해야 한다. 옛것과 우상, 그리고 하나님을 동시에 붙들었던 삶을 청산해야 한다.

마음 들여다보기

❶ 나에게 있어 포기해 버리기 힘든 우상에는 어떤 것들이 있는지, 버리지 못하는 이유는 무엇인지 생각해 봅시다.

❷ 신앙생활과 관련해서 기도는 꼭 어디에서 해야 하고, 차에 십자가를 걸어야 더 안전할 것 같다는 등 내가 집착하고 있는 것은 없는지 생각해 봅시다.

하나님만 바라보기

하나님, 저는 신앙을 갖게 된 지 꽤 오래되었지만 그동안 여전히 철없는 사람으로 살았습니다. 하나님의 구원의 은혜에 감사한다고 하면서도 과거의 제 잘못들을 온전히 회개하지 못했습니다. 아니, 회개하긴 하는데 반복해서 잘못을 저지르곤 했습니다. 그게 습관이 되어서인지 이제는 아무렇지도 않을 정도가 되었습니다. 이제 저에게 우상이 되는 것들, 하나님을 기쁘시게 해드리지 못하는 모습들을 다 버리길 원합니다. 지난날 하나님보다 더 의존해 왔던 모든 것이 하나님 앞에서는 아무 쓸모가 없음을 기억하며 과감히 내던지겠습니다. 그리고 그 안에 하나님으로만 온전하게 채우겠습니다.

29 나는 구원받은 자답게 살고 있는가?

"이 세상이나 세상에 있는 것들을 사랑하지 말라 누구든지 세상을 사랑하면 아버지의 사랑이 그 안에 있지 아니하니 이는 세상에 있는 모든 것이 육신의 정욕과 안목의 정욕과 이생의 자랑이니 다 아버지께로부터 온 것이 아니요 세상으로부터 온 것이라" 요한일서 2:15-16

목사님, 저는 구원받고 교회에 본격적으로 다닌 지 3개월 정도밖에 되지 않습니다. 솔직히 이전에 저는 정말 형편없이 살았습니다. 물질적인 것도 그렇고 뭔가 사람들에게 본이 될 만한 것이 전혀 없었습니다. 그런데 놀랍게도 교회에 다니면서 많은 변화가 생겼습니다. 하던 사업도 잘 풀렸고, 사람들에게 구차하게 도움 청할 일도 없어졌습니다. 그런데 예전에 없던 비판 정신이 늘었습니다. 과거의 저처럼 남에게 빌붙어 굽실대며 사는 사람들을 보면 한심한 마음에 그렇게 살지 말고 교회에 다니라고 말해 주는데, 그런 말을 하면서도 짜증이 납니다. 솔직히 얼마 전까지의 제 모습도 그랬는데 말입니다. 다른 것은 다 좋게 변했는데 제 마음보는 갑자기 왜 이렇게 되었는지 모르겠습니다.

구원의 은혜를 누리고 전할 기회를 저버리는 사람들

이스라엘 백성은 택함을 받은 선민이었다. 성경의 거의 모든 내용은 먼저 이러한 유대인을 위해 쓰였으며, 그들은 택함 받은 존재로서 구원의 문턱에 가장 가까이 있었다. 그러나 이렇게 특별한 은혜를 입었음에도 그들은 오히려 교만했다. 육체의 할례를 받았다는 사실에 안심했지만 정작 마음의 할례는 받지 못했다. 그들에게 구원의 틀은 남아 있었지만 진리는 없었기에 '이만하면 됐다'고 생각하며 안주하려 했고 그런 마음은 이방인을 경멸하는 것으로 이어졌다. 심지어 자기들끼리도 멸시하며 예수님을 거부했고 지옥에 갈 위기에까지 처했다. 그들에게 주어진 구원의 틀은 오히려 남을 멸시하는 시스템이 되었고 정작 자신들은 구원에서 멀어지게 된 것이다.

오늘날 교회도 멸시의 시스템 속에서 구원과는 먼 길을 가고 있는 것은 아닌지 돌아보아야 한다. 자신과 다른 성도들의 모습을 멸시의 도구로 삼는 것은 아닌지……. 교회에서 봉사를 많이 하는 사람은 그렇지 못한 사람을 보며 열정이 없다고 비판하고, 교회에 나왔다가 예배만 드리고 그냥 가는 사람은 교회에서 오랜 시간 봉사는 하는 사람들을 향해 '너희처럼 가족은 돌보지 않고, 믿음 생활을 하기는 싫다'는 일종의 멸시가 담긴 마음을 품고 있을 수 있다. 이것은 구원의 문턱에 나와 있는 사람이 말씀을 제대로 이해하지 못하기 때문에 나타나는 현상이다. 구원은 율법의 행위를 통해 얻어질 수 있는 것이 아니다. 예수님을 믿음으로써 얻어지는 것이다갈 2:16. 그러므로 서로 멸시하거나 판단해서는 안 된다. 구원받은 자가 구원받은 자다운 삶의 모습으로, 서로 비판하고 멸시하는 것이 아니라 서로를 인정해 주는 모습으로 비신자들을 이끌어야 한다.

죄의 천성을 고치지 못하는 사람들

사람이 구원받기 위해 해야 하는 노력에 비해 구원의 가치는 훨씬 크다. 즉 구원은 그 가치에 비해 받기가 정말 쉽다. 하지만 이렇게 값없이 쉽게 받았다고 구원이 끝난 것이 아니다. 구원받은 자가 지난 과거의 본성을 모두 버리고 새로운 길로 들어서면서 구원받은 자의 삶에 합당한 생활을 해야 한다. 그래서 구원을 완성해야 한다빌 2:12.

예를 들어 늑대 소년을 숲에서 구해 내어 우리 집에 살게 했다고 하자. 사람이 사는 집에 같이 살게 되었다고 해서 늑대 소년이 하루아침에 사람처럼 되는 것은 아니다. 우리가 먼저 사람답게 행동하고, 말하는 모습을 보여야 한다. 숲에서의 삶을 버리고 하나씩 사람다운 모습을 배워 나갈 수 있도록 해야 한다. 만일 그러지 못하면 늑대 소년은 자신이 사람다운 사람이 되었음을 증명하지 못한다.

많은 사람이 큰 은혜를 입어 구원의 자리까지 왔지만 정작 구원받은 삶을 증명하지는 못하고 있다. 먼저 믿은 성도이면서도 적응 안 된 늑대 소년처럼 여전히 엉터리로 살고 있다. 그러다 보니 비신자나 새가족을 구원의 길로 이끌지도 못한다. 적어도 '저 사람들은 어떻게 저렇게 살지? 아, 구원의 진리 때문인가?' 하며 궁금증을 갖게 하고 관심을 끌어야 하는데 "너희도 바라는 것이 결국 우리와 같지? 이 땅의 것이지? 결국 하나님을 끌어들여 부자 되고 안전하고 싶은 게 전부지?"라는 말만 듣게 되는 것이다.

그렇다 보니 이제는 성도들끼리만 모이려는 경향도 나타나고 있다. 그게 속 편하기 때문이다. 그 안에서는 자기들끼리 아껴 주기도 편하고 자기 나름의 거룩을 위한 노력도 쉽게 할 수 있다. 게다가 그 안에는 엄청난 암묵적 동의도 있다. 하나님을 찾으면서 개인의 출세도 함께 찾아보자는 데에 동의하고, 최소한의 투자로 최대한을 누려 보자는 데에 동의하기도 한다. 세상 사람들은 아직 모르는 이 축복의 비결을 자기들끼리만 써보자는 것이다. 그래서 이대로가 좋다면서 전도하지 않는 것이다. 이는 다른 사람이 복 받는 것을 막는 이기적인 태도이다.

생각도 이제는 구원받은 자답게

심지어 일부 성도들은 세상 사람에게 없는 믿음이 자신들에게는 있다면서 자신이 가진 것들을 합리화시키기도 한다. 대표적인 예로 부자들은 교회 안에서도 인정받기가 쉬운데, 그것은 '내가 잘한 일이 있어서 복을 받은 것'이라는 믿음 때문이다. 그렇다 보니 다른 사람들도 물질의 축복을 받기 위해서 교회 안의 부자들을 롤 모델로 삼기도 한다.

반면에 세상에 있는 부자들 신앙이 없는 을 보곤 뭔가 부조리한 방법으로 부자가 되지 않았겠느냐는 의심을 하며 비판한다.

그렇게 형식적으로라도 믿음만 있으면 다 된 줄로 안다. 물론 축복으로 돈을 맡겨 주셨을 수도 있지만 모두에게 똑같은 모양으로 적용되지는 않는다. 하나님은 어떤 경우에는 쉽게 열매로 주지 않으시고 씨앗으로 주신다. 혹은 물질이 축복의 전부가 아님을 깨닫게 하시기도 한다. 그러므로 "저는 신앙생활을 열심히 했더니 하나님이 축복해 주셨어요"라는 말은 아주 신중하게 해야 한다. 하나님을 잘만 이용하면 우리가 부자 되는 것인가? 혹은 더 나은 내가 되기 위해서 열심히 했더니 하나님이 돈까지 주셨다는 것인가? 그것은 부적을 사야 복을 받는다고 하는 무당의 논리보다도 천박하다. 이것은 하나님이 주신 생각이 아니라 세상 욕심에 근거한 생각일 뿐이다 요일 2:15-16.

이제 우리는 구원받은 자답게 구원의 은혜를 주신 하나님의 방법대로 변화되어야 한다. 구원은 받았지만 세상 사람과 똑같이 물질이나 명예만 추구하고, 세상 사람과 똑같이 다른 사람을 판단하고 정죄하는 모습을 버려야 한다. 나를 그토록 사랑하신 하나님의 은혜에 힘입어 나도 그 사랑을 전하기 위해 한 번이라도 더 노력해야 한다. 무엇보다 구원받은 자의 변화된 삶을 도구로 삼아 그들 역시 구원받을 수 있도록 전도해야 한다.

❶ 겉으로는 내가 받은 복들을 통해 하나님께 영광을 돌린다고 말하면서, 정작 내가 열심히 신앙생활을 했기 때문에 복을 받은 것이라며 은연중에 나를 자랑하려고 하지는 않는지 돌아봅시다.

❷ 나의 삶이 나의 전도 대상자들로 하여금 '교회 다니고 싶게끔 만드는 삶'인지 생각해 봅시다.

하나님, 저는 구원을 받고 그로 인해 많은 복을 받았지만 정작 제 마음은 변화되지 않았던 것 같습니다. 구원받은 은혜에 감사하기는커녕 더 많은 축복을 받고 싶어 했고, 부족하다고 느껴지는 것에 대해 원망했습니다. 그뿐만 아니라 세상 사람들을 함부로 비판하기도 했습니다. 그리고 제가 하나님의 은혜로 최고의 복을 받은 만큼 그들도 이런 은혜에 거하도록 해야 하는데, 전도하기는커녕 믿지 않는 사람들을 한심하게 바라보기만 했습니다. 때로는 여전히 저의 모난 성격 때문에 "교회에 다닌다면서 도대체 뭐가 변했다는 거니?" 하는 말도 들었습니다. 이제 구원받은 하나님의 자녀답게 살고 싶습니다. 과거의 죄성을 하나씩 변화시켜 나가겠습니다.

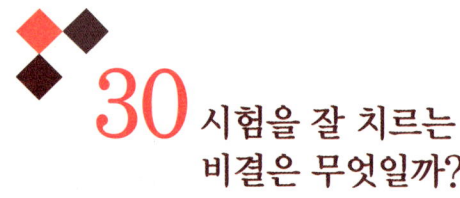

30 시험을 잘 치르는 비결은 무엇일까?

"이에 예수께서 말씀하시되 사탄아 물러가라 기록되었으되 주 너의 하나님께 경배하고 다만 그를 섬기라 하였느니라" 마태복음 4:10

목사님, 저는 제가 봐도 인성에 문제가 많은 것 같습니다. 다른 사람 험담하는 게 취미이고 못나 보이는 사람은 조롱하는 게 특기입니다. 물론 그 사람 뒤에서만 하지요. 그뿐만이 아닙니다. 양보해야 할 상황이 되면 괜히 짜증이 나고, 나에게 해가 될 것 같은 사람은 어떻게든 대적하고 싶습니다. 이것이 다 나쁜 행동인 줄 알면서도 계속 이런 모습을 유지하게 됩니다. 심지어 이런 모습이 나에게만이 아니라 모든 사람에게 있을 것이라는 생각을 하곤 합니다. 인간은 어쩔 수 없이 이런 나쁜 마음을 먹을 수밖에 없는 존재라고 여깁니다. 이렇게 딱딱해진 마음을 어떻게 해야 할지 모르겠습니다. 나를 바꾸는 것, 정말 어려울 것만 같습니다.

멸시받는 자의 천국

세상은 하나님의 뜻과는 반대되는 법을 가르치곤 한다. 그래서 세상은 악하고, 따라서 우리도 악할 수밖에 없다. 세상은 잘 먹고 잘사는 것이 최고의 선이니 그렇게 하기 위해서는 남의 것을 빼앗고 때로는 남을 멸시할 수도 있다고 말한다. 그렇게 하면 그곳에는 나의 이익이 기다리고 있다고 말한다. 그렇게 이 세상은 멸시가 판을 치는 공간이 되었다.

일본은 '파리만국박람회'를 모방하여 1903년 '오사카박람회'와 1907년 '도쿄박람회' 때 아시아인들을 진열했다. 자신들이 빼앗고 싶은 나라들, 즉 우리나라와 인도, 대만, 방글라데시 등의 사람들을 전시해 놓고 웃음거리가 되게 한 것이다. 이러한 멸시 풍조는 오늘날 우리 주변에서도 종종 목격된다. 큰 평수 아파트에 사는 주민들이 힘을 합해, 바로 옆에 있는 작은 평수 아파트에 사는 주민들이 자기 단지를 통과하지 못하도록 문을 막았다는 기사를 접한 적이 있다. 이것은 자연스럽게 이웃을 멸시하는 것이다. 이런 세상이다 보니 사람들은 멸시를 안 받으려고 쓸데없는 데에 신경을 쓰며 살아가게 된다. 아이들 옷을 살 때도 남에게 멸시당하지 않게 하려고 비싼 옷을 사서 입힌다. 교육열이 과열된 일부 원인도 멸시당하지 말라는 데에서 비롯된 것이라고 볼 수 있다. 굳이 큰 집에 살려고 하고 좋은 대학을 나오려고 하는 것도 마찬가지 맥락이다.

이러한 멸시는 교만의 증거이면서 죄의 터전이 된다. 그리고 멸시는 죄를 짓기 쉽게 만든다. 착취에 대한 죄책감에서도 벗어나게 하고, 도와야 할 책임감에서도 벗어나게 한다. 부자들은 가난한 자들이 게으르다며 멸시하고, 일부 남성은 여성을 멸시해서 성범죄를 저지르기도 한다.

가난한 자는 도덕과 인권을 앞세워 부자들을 멸시한다. 하나님을 안다고 해서 고쳐지지도 않는다. 세리의 기도와 바리새인의 기도를 보자. 바리새인은 옆의 세리와 같지 않음을 감사했다눅 18:11. 자기가 지옥 가는 악인인 줄도 모르고 세리를 멸시했다. 심지어 예수님도 멸시를 받아 죽임을 당하셨다. 기적을 행하시고, 가난한 자와 함께 거하시고, 말씀을 가르치셨는데 멸시받아 죽으셨다.

시험에 대처하는 자세

이 세상에 존재하는 악은 멸시뿐만이 아니다. 그 밖에도 많은 악이 세상을 썩게 하고 있고 우리를 멸망으로 몰아가고 있다. 인간은 악이 무엇인지도 모른 채 악을 배워 가면서 '그래도 내가 다른 사람보다는 조금 더 착하게 살았지'라고 자부하면서 지옥에 간다. 특히 자기가 잘되는 것이 최고의 선이고, 남에게는 최소한의 피해 정도라면 줘도 상관없다고 생각한다. 이런 수준이 악인의 생각이다.

그렇다면 이러한 악이 만연하는 세상에서 우리는 어떻게 살아 나가야 할 것인가? 그 비결은 마태복음 4장에 예수님께서 시험당하신 사건에 잘 나타나 있다. 예수님은 성령을 받으시고 광야에서 시험을 받으셨다. 우리는 가끔 엄청난 착각을 할 때가 있는데, 성령 체험을 하면 마치 모든 시험을 다 이긴 것으로 생각하는 것이다. 그러나 예수님은 성령을 받으시고 나서 사탄에게 시험을 받으셨다.

그러므로 내가 어떤 수준에 있든지 끊임없이 시험이 찾아온다는 사실을 알아야 한다. 특히 '정말로 내가 하나님의 기쁨이 될 것인지를 확인하는 시험'이 늘 기다리고 있음을 알아야 한다. 여기서 중요한 점은 시험을 이기는 방법을 배워야 한다는 것이 아니다. 바로 "주 너의 하나님께 경배하고 다만 그를 섬기라"마 4:10는 예수님의 말씀을 명심하며 하나님이 기뻐하시는 일을 최우선으로 삼는 사람은 시험을 이긴다는 것이다.

이 밖에도 우리는 하나님의 방법대로 시험에 대처하고 이겨 내야 한다. 우리 주변에는 시험을 가져다주는 이들이 참으로 많다. 사탄의 직접적 시험 외에도 사탄에게 이용당하는 사람들이 시험을 주기도 한다. 그렇다면 우리는 어떻게 이러한 시험들을 이길 수 있을까? 우리는 혼자가 아니므로 시험을 이길 수 있다. 혼자가 아니라 예수 안에 있기 때문에 이길 수 있고, 예수님의 가르침이 우리 안에 있기 때문에 이길 수 있다. 그러므로 예수님처럼 성령 받고, 사명을 받아들이고, 하나님의 기쁨을 먼저 생각해야 한다. 그리하면 내 힘으로는 못 이길 시험들을 능히 감당하고 이겨 낼 수 있다.

이제 우리는 시험의 실체를 파악해야 하고 시험을 주는 사람까지 파악해야 한다. 되도록 시험을 주지 않는 사람들과 더 깊은 교제의 틀을 형성해야 하고, 하나님이 기뻐하시는 것이 무엇인지만 온전히 생각해야 한다. 그곳에서 사랑의 권면과 지적을 받아야 한다. 이러한 작동을 하는 믿을 만한 소그룹이 있어야 한다. 물론 지적을 받으면 기분 나쁠 수 있다. 그렇기에 반드시 사랑이 있어야 하고, 분명한 목표가 공유되어야 한다. 그렇게 모인 세 사람이 있으면 우리는 안전하다.

❶ 성령 체험을 했으니 이제 나는 모든 시험을 통과했다고 자신하고 있지는 않았는지 돌아봅시다.

❷ 다른 사람을 멸시하고 대적하는 사람들을 보면서 나 역시도 그런 문화에 동화되지는 않았는지 돌아봅시다. 인간의 본성이니 어쩔 수 없다고 생각하면서 나의 모습을 합리화하지는 않았는지 생각해 봅시다.

하나님, 저는 하나님을 믿는다고 하면서도 실제로는 세상 사람과 별다를 바가 없었습니다. 하나님이 싫어하시는 일을 끊임없이 했고, 유혹의 순간에 그대로 넘어가곤 했습니다. 하나님의 말씀을 의지하여 이겨 내고 부딪쳐야 하는데 그냥 세상 속에 동화되고 흡수되곤 했습니다. 이제 제가 하나님의 자녀로서 그 시험을 다 이겨 낼 능력이 있음을 깨달았습니다. 비록 저는 부족하지만 예수님 안에서, 예수님을 의지하면 능히 이겨 낼 수 있음을 확신하게 되었습니다. 이 믿음을 끝까지 붙들고 어떤 시험이 와도 당당히 맞서서 이겨 내는 삶을 통해 하나님께 영광을 돌리겠습니다.

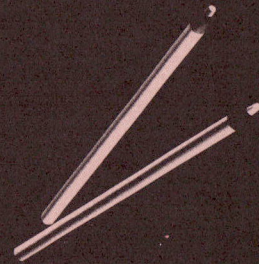

초대교회가 핍박 가운데서도 사라지지 않고 계속해서 존재할 수 있었던 이유는 무엇인가? 교회 안에 특별한 무엇인가가 있었기 때문이다. 그것이 바로 희망이다. 그리스도인은 교회에서 희망을 보았다. 그들은 나라의 변혁을 꿈꾸지 않았지만, 서로가 변화되는 것을 보기 시작했다. 하나님의 이름을 걸고 복음을 확장해 나갔고 자신을 변화시켜 갔다. 시험과 핍박을 이겨 내고 교회 안에서의 희망을 이어 갔다.

Part
04

교회의
회복을 위하여

31 나는 천국 스타일로 살고 있는가?

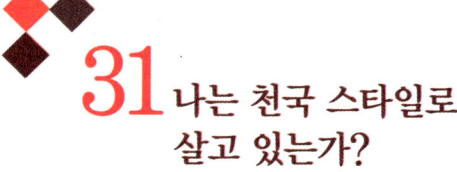

"내가 진실로 너희에게 말하노니 여자가 낳은 자 중에 세례 요한보다 큰 이가 일어남이 없도다 그러나 천국에서는 극히 작은 자라도 그보다 크니라" 마태복음 11:11

목사님, 저는 분명히 천국을 믿습니다. 그런데 천국에 내 집이 예비되어 있다고는 하지만 이 세상에서의 내 집 마련과 경제적으로 부족함 없는 그런 삶에 더 관심이 많습니다. 그래서 천국에 대한 설교 말씀을 들을 때마다 입으로는 "아멘" 하면서도 속으로는 다른 생각을 하곤 합니다. 그리고 요즘은 왜 이렇게 부러운 사람들이 많은지 모르겠습니다. 제 삶을 보면 너무 궁상 맞아 보이는데, 주변에 있는 사람들은 참으로 멋있어 보입니다. 비록 신앙은 없지만 멋있게 사는 그들이 부럽고 따라 하고 싶습니다. 왜 나는 그렇게 살 수 없는지 속상하기도 하고 하찮아 보이는 제 모습이 부끄럽기도 합니다. 빨리 저도 멋들어진 삶을 살고 싶습니다.

나만의 천국을 만들어 가는 우리

많은 사람이 자신이 생각한 나름의 천국을 설정하고 어떻게든 거기에 도달하려고 노력한다. 사람들이 설정하는 가장 대표적인 천국이 '경제적 여유의 천국'이다. 미래를 보장하고 자존감을 높여 주기 때문에 많은 사람이 그런 천국을 원한다. 교회에 다니지 않는 사람뿐만 아니라 하나님을 믿는다고 하는 사람들도 그런 경제적 여유의 천국을 설정해 놓고 그 천국에서 살게 해달라고 기도한다. 이것은 오늘날의 현상만이 아니다. 인류 역사를 거쳐 온 수많은 사람이 자신만의 천국을 설정해 놓고 그 천국에 들어가려고 고군분투하곤 했다.

하지만 중요한 것은 내가 원하는 그 천국을 과연 하나님이 나에게 주시고 싶어 하느냐는 것이다. 이제 우리는 내가 정하고 있는 천국이 어떤 형태인지 잘 파악해야만 한다. 하나님이 준비하신 천국을 기뻐하며 소망하고 있는지 생각해야 한다.

대부분의 사람은 '이보다 더한 상황이 있을까' 하는 절박한 생각이 들 때에야 비로소 하나님을 따르고 신뢰하려고 한다. 마치 이스라엘 백성이 애굽에서 노예 생활을 할 때 더는 견디기 힘들어 출애굽의 길을 따른 것처럼 말이다. 그러나 사람들은 어느 정도 삶의 여유가 있으면 굳이 하나님 말씀을 따르려 하지 않는다. 즉 역설적으로 그런 여유가 있으면 하나님을 따라야 할 이유를 찾지 못하는 것이다. 또한 '이것을 주셔야 하나님을 온전히 따르겠다'고 한다면 이것 역시 하나님을 온전히 신뢰하는 것이 아니다. 우리는 소유 문제를 떠나서 존재의 이유를 놓고 하나님과 제대로 된 관계를 맺을 수 있어야 한다. 그러므로 아무리 소박한 것이라고 할지라도 내가 만든 천국을 위해 기도한다면 하나님과는 상관이 없게 된다.

천국 스타일보다 강남 스타일이 더 좋다는 사람들

한때 〈강남 스타일〉이라는 노래가 열풍을 일으킨 적이 있다. 그 노래 가사는 단순하면서도 강렬하다. 사람들은 불황기에 이런 원초적인 자극을 더 원한다고 한다. 간단하고 단순하지만 강렬한 것에 매력을 느끼는 것이다. 사람들은 그 가사에서 말하고 있는 것처럼 '강렬하게 놀 줄 알면서도 뭘 좀 아는 쿨cool한' 강남 사람에 대한 이상이 있다. 그래서 강남을 유토피아로 만들어 놓고 그 스타일을 따라가고 싶어 한다. 청담동 며느리 스타일도 같은 부류의 것이다.

심지어 '천국 스타일'보다 '강남 스타일'이 사람들에게 더 매력을 끈다. 그런데 왜 현실적으로 비교도 할 수 없는 천국보다 이 세상의 강남 스타일에 더 마음을 빼앗기는 것일까? 그것은 천국을 잘 모르기 때문이다. 예수님은 "천국이 가까이 왔다"마 10:7는 데뷔 설교를 시작으로 여러 비유를 통해 천국을 설명하셨고 계속 강조하셨다. 이렇게 예수님이 설명하신 천국에 대한 말씀만 잘 알아도 천국을 소망할 수밖에 없었을 것이다. 그런데 우리는 예수님께서 비유로 말씀하신 겨자씨나 누룩을 볼 때 작고 별 볼 일 없게 여겨 하찮은 것이라고 잘못 생각하는 경우가 많다. 가장 별 볼 일 없고 천대받는 겨자씨가 가장 크게 자라고, 밀가루 속 누룩이 놀랍게 부풀어 오른다는 사실을 잘 모르고 있기 때문이다.

예수 그리스도의 복음과 부활 신앙도 마찬가지이다. 세상 사람들은 이 신앙을 별 볼 일 없다고 여기며 천대한다. 하지만 이렇게 하찮게 생각하는 것이 실로 엄청나게 위대한 것과 연결되어 있다는 것을 재발견할 수 있어야 한다. 우리는 부활 신앙이 세상에 둘도 없는 보화라는 사실을 깨달아야만 한다.

이런 보화를 발견한 사람은 천국 스타일로 살아가게 된다. 말 그대로 '뭘 좀 아는 성도'가 되는 것이다. 그런 성도는 바로 믿음 가운데서 심을 것을 심을 줄 알고, 뿌릴 것을 뿌릴 줄 알고, 모을 것을 모을 줄 아는 사람이다.

왜곡되지 않은 천국 스타일을 드러내라

우리는 율법과 같이 우리를 천국 스타일로 살아갈 수 없게 하는 비본질적인 것들을 버리고 세상 사람들도 부러워할 만한 진짜 하나님 스타일을 소유해야 한다. 실제로 초대교회 때는 예수님을 모르는 세상 사람들이 '그리스도인 스타일'에 매료되었고 그로 인해 복음이 확산될 수 있었다. 안타깝게도 지금은 율법에 물들어 업적을 위한 신앙생활을 하는 잘못된 습성에 젖어 있는 상태로 신앙생활을 하고 있기에 멋진 천국 스타일을 나타내지는 못하고 있다. 그래서 세상 사람에게 전혀 매력을 끌지 못하고 있다. 성경이 그렇게 만든 것이 아니라 우리가 스스로 그렇게 만들어 버렸다.

어떤 교회는 예배 시간에 찬양을 할 때 박수를 치면 안 된다고 하기도 하고, 예배 때는 무조건 정장을 입어야 하며 반바지나 슬리퍼 같은 편한 차림은 허용되지 않는다고 하기도 한다. 말도 안 되는 이상한 양반 스타일을 마치 천국 스타일인 양 말하고 있는 것이다. 이처럼 다양한 모습으로 왜곡된 율법들이 천국 스타일을 이상한 스타일로 비치게 만들고 있다.

천국에도 천국 스타일이 있어서 더 잘나가는 사람들도 있다는 것을 알아야 한다. 그 사람을 성경에서는 '큰 자'라 불렀다 마 11:11. 그냥 들어간다고 해서 다 똑같은 것이 아니다. 예수님은 천국을 침노하는 자의 것이라고까지 말씀하셨다 마 11:12. 빼앗고 싶을 만큼 천국을 원하는 자는 마음껏 빼앗을 수 있도록 허락하셨다. 그렇게 사는 자가 천국에서 스타일을 구기지 않는다.

이제 교회가 만든 이상한 습관들에 얽매여서 세상 사람에게 천국에 대한 그릇된 생각을 심어 주지 말고 예수님이 가르쳐 주신 진정한 천국의 모습을 세상에 보여 주어야 한다. 강남 스타일로 사는 사람이 실제로 있기 때문에 그런 삶을 추구하는 사람들이 생기듯, 천국 스타일로 사는 성도가 있어야 세상 사람들이 천국 스타일을 추구하게 되는 것이다.

❶ 내가 지금 만들어 놓은 천국은 어떤 모습인지 생각해 봅시다.

❷ 사람이 만든 교회의 잘못된 습관들을 세상 사람들에게 강조하여 오히려 그들이 복음을 외면하게 만들었던 적은 없었는지, 내가 세상 사람들에게 교회를 어떤 모습으로 비치게 했는지 되돌아봅시다.

하나님, 저는 천국을 소망하고 아버지의 집을 기대한다고 하면서도 정작 마음속으로는 제가 만든 천국을 꿈꾸고 그것을 위해서만 기도했습니다. 그리고 원하는 것이 안 이루어지면 하나님을 원망하기만 했습니다. 또한 하나님께서 예비하신 놀라운 천국 비밀에 별 관심이 없었고 천국 스타일보다는 세상 스타일이 더 멋있다고 생각했습니다. 이제 예수님이 가르쳐 주신 천국 비밀을 하나하나 배워 나가고 마음속에 새기겠습니다. 그리고 예수님이 말씀하신 가치대로 살아감으로써 세상 사람들에게 천국이 얼마나 멋있는 곳인지를 알게 하는 삶을 살겠습니다.

32 나는 혹시 이상한 사람이거나 나쁜 사람은 아닐까?

"이르되 여러분이여 어찌하여 이러한 일을 하느냐 우리도 여러분과 같은 성정을 가진 사람이라 여러분에게 복음을 전하는 것은 이런 헛된 일을 버리고 천지와 바다와 그 가운데 만물을 지으시고 살아 계신 하나님께로 돌아오게 함이라" 사도행전 14:15

목사님, 저는 하나님을 믿기는 하지만 하나님이 눈에 보이지 않다 보니 당장 내 눈앞에 있는 사람을 의식하여 신앙생활을 하게 될 때가 많습니다. 예배에 빠지면 다른 사람이 뭐라고 할까 봐 참석하게 되고, 소그룹이나 봉사 모임도 눈치가 보여서 참여하게 됩니다. 특히 목사님을 가장 많이 의식하게 됩니다. 예배를 드릴 때 졸거나 집중하지 않으면 목사님이 저를 좋지 않게 여기실 것 같은 생각에 정신을 똑바로 차리게 됩니다. 그러면서 정작 제가 하나님 앞에 올바로 서있는지는 돌아볼 겨를이 없습니다. 다른 사람 눈치를 보며 행동하다 보니 사람들 눈에는 제 모습이 좋게 보였는지 저는 늘 칭찬을 받곤 합니다. "너는 참 좋은 사람이야"라는 소리도 많이 듣습니다. 그러나 하나님 앞에서도 과연 그러할지는 확신이 들지 않습니다.

교회 안의 이상한 사람들

미국 서부 영화 〈황야의 무법자〉를 모티브로 하여 600만 관객을 모은 우리나라 영화 〈좋은 놈, 나쁜 놈, 이상한 놈〉처럼, 우리는 흔히 사람들을 '좋은 사람', '나쁜 사람', '이상한 사람' 이렇게 세 부류로 나눈다. 우리뿐만 아니라 성경에서도 사람을 세 부류로 나누는데 그렇다면 '좋은 사람'은 어떤 사람인가? 당연히 구원을 받은 선한 사람이 좋은 사람이다. 곧 하나님이 죄인을 향해 오라고 하실 때 회개하고 나아온 사람, 하나님 말씀에 바로 선 사람이 좋은 사람이다.

우리는 하나님이 나를 좋은 사람으로 여기시는지 아닌지를 가장 중요하게 생각해야 한다. 윤리적, 도덕적으로 어떠하냐가 아니라 하나님의 말씀 앞에서, 그 말씀을 기준으로 내가 좋은 사람인지 아닌지를 계속 확인해야 한다. 내가 말씀에 순종하고 있는지, 죽도록 하나님을 사랑하고 이웃을 사랑하는지 지속적으로 확인해야 한다. 그리고 확인만 할 것이 아니라 내 자신을 좋은 사람으로 증명해 나가야 한다. 특히 손해를 보거나 이득이 되는 그런 상황에서 내가 과연 하나님이 기뻐하시는 좋은 사람인지 아닌지 확인하고 증명해야 한다.

안타깝게도 오늘날 교회 안에서 좋은 사람을 찾기란 쉽지 않다. 오히려 이상한 사람이 더 많은 것 같다. 이렇게 될 수밖에 없는 이유를 역사적으로 살펴볼 수 있는데, 한국 기독교 역사를 돌아보면 조금 특이한 것을 발견할 수 있다. 우리는 일제강점기와 6·25 전쟁 등을 겪으면서 선교사들을 비롯해 서구로부터 많은 도움을 받았다. 특히 교회를 중심으로 많은 것을 누릴 수 있었는데, 그렇다 보니 교회는 선진 문물을 상징하는 곳이 되어 버렸다. 교회를 통해 보급품과 의약품을 받고, 서양 악기들도 교회에서 처음 보고, 농업에 대한 기본 지식은 물론 여러 가지 교육까지 교회에서 받을 수가 있었다. 그로 인해 기독교가 점점 세력화를 이루게 되었고, 전쟁이 끝나면서 기독교인들이 경제적인 힘도 많이 가지게 되었다.

그렇게 교회의 정치적, 경제적인 힘이 커지면서, 1970~1980년대 한국 경제는 획기적으로 성장했다. 그리하여 '교회 가면 부자 된다'는 공식이 생기기도 하였다. 그러나 잘살게 되었다고 그것이 다 하나님 법칙에 따른 축복이라고 할 수는 없다. 경제적인 부를 누린다고 해서 다 선함의 대가를 받았다고 할 수는 없다. 오히려 기복 신앙으로 똘똘 뭉친 이상한 사람일 수 있다.

오늘날 교회는 정치적으로 그 세력이 약해져 가고 있다. 과거에 구국 운동, 민주화 운동을 하던 것과는 달리 보수적으로 입장을 바꾸면서 예전과 같은 힘을 갖지 못하게 된 것이다. 특히 교회에 다닌다고 해서 다 부자가 되는 것은 아니라는 사실을 알게 되면서 사람들은 교회에 다니는 것과 경제적인 부는 별개라고 느끼게 되었다. 그러다 보니 점점 교회에 나오지 않거나 떠나게 되었다. 물론 교회에 남은 사람들 중에는 아직도 경제적 부와 신앙을 연결시키는 사람들이 적지 않다. 신앙의 목적이 하나님이 아닌 돈에 있기 때문이다. 이렇듯 교회 안에도 이상한 사람은 여전히 존재한다.

교회 안의 이상한 모습들

이상한 사람들이 많이 있으니 당연히 교회도 점차 이상하게 변해 간다. 대표적인 예가 형식을 중시하는 것을 들 수 있다. 교회는 루터의 종교 개혁으로 인해 가톨릭의 형식제례에서 벗어나려는 노력을 지금껏 해 왔는데 다시 그것을 꺼내 들고 있는 것이다. 그리고 하나님이 아닌 다른 누군가를 추앙하고 의존하기도 한다. 지도자를 하나님보다 더 따르고 의존하려 한다. 이 자체가 매우 비성경적이다. 그런 생각 때문에 이상한 교주가 나오고 이단이 생기는 것이다. 각 사람을 구원하시고 각 사람을 예수 닮은 사람으로 만드는 것이 하나님의 뜻인데 지도자의 뜻에 맞게 따라가는 것이 진리라고 착각하는 것이다.

또한 교회를 사업 인맥을 만들려고 나오는 사람도 있고 개인적인 정으로, 인맥으로 다니는 사람들도 있다. 교회가 그런 인정에 얽혀서 커지고 있는 것이다. 그렇다 보니 함께 신앙생활을 하던 사람이 교회를 떠나면 자신도 같이 떠나는 경우가 있을 정도다. 하지만 정을 주고받는 것은 복음이 잘 전달된 후에 누리면 되는 것이다. 오로지 복음으로 살아야 하는 것이지, 정이 먼저여서는 안 된다. 정은 부차적이고 선택적인 것일 뿐임을 알아야 한다. 소그룹도 사람들의 정에 근거해서 만들어져서는 안 된다. 특히 정을 중시하면 권면해야 할 것도 하지 못하게 된다.

교회 안의 이상한 모습은 이뿐만이 아니다. 오늘날의 교회는 점점 물질주의에 빠져들고 있다. 가령 직분을 받으려면 돈을 내는 것이 일반적으로 되어 버린 것이다. 혹은 열심히 주의 일을 했더니 돈도 많이 벌고 자녀가 좋은 대학에도 들어갔다고 자랑하기도 한다. 반대로 그런 결과가 없는 성도는 마치 신앙생활을 잘못한 것만 같아 저절로 작아지고 마음에 상처를 받게 되어 결국 열등감을 느끼고 움츠러들게 된다. 이처럼 우리는 잘못된 복음에 빠진 채 이상한 모습으로 살고 있을 때가 많다.

그 밖에도 교회 안에는 사람들을 선동하여 자신의 뜻이 옳다고 주장하려는 모습을 보이는 사람도 있다행 23:19. 그야말로 이상한 사람이다. 이런 사람은 신앙이 좋은 사람인 것처럼 행동하면서 사람들을 자신이 원하는 쪽으로 끌어모은다. 그러나 시간이 지나면 나쁜 사람과 이상한 사람은 반드시 그 문제가 드러나게 되어 있다. 교회는 복음이 전달되는 곳이기에 이러한 문제들을 숨길 수 없다. 복음 앞에서는 나쁘고 이상한 문제들이 가려질 수 없기 때문이다.

예수님은 의인을 부르러 오신 것이 아니라 죄인을 불러 의인으로 만드시겠다고 하셨다. 그러기에 교회 안에서 나쁜 사람은 있을 수 있다. 하지만 부르심을 받은 사람의 책임은 나쁜 사람이었다 할지라도 점점 좋은 사람으로 변해야 한다는 것이다. 지금 당장은 나쁘고 이상하다 해도 의인이 되고 좋은 사람이 되기 위해 노력해야 한다. 지도자나 인맥이 아닌 예수 그리스도를 붙듦으로 자신이 좋은 사람임을 증명할 수 있어야 한다.

우리는 과연 어떤 사람에 속하는지 스스로 점검해 보자. 정으로, 인맥으로 교회를 다닌 적은 없는지, 복음과 별개로 목회자를 무조건 추앙하려고 하지는 않았는지, 복음 이외의 것을 붙들고 안심하는 사람은 아닌지 늘 확인하고 되돌아보아야 한다. 이제 교회 안에서는 복음의 본질을 벗어난 쓸데없는 일이 벌어져서는 안 된다. 그리고 비록 지금 우리가 어떠한 상황에 처해 있든지 하나님이 우리를 좋은 사람으로 만드심을 기억하자. 우리 교회를 좋은 교회로 만드시려 하심을 기억하자. 그 믿음을 가지고 지난날 이상한 모습으로 살았던 잘못된 습관들을 이겨 내자.

마음 들여다보기

❶ 하나님보다 목회자를 더 따르려고 하지는 않았는지 돌아봅시다. 신앙생활에 있어 내 나름의 기준을 세우고 잘 지키는 것이 문제없는 신앙인이라고 생각하지는 않았는지 돌아봅시다.

❷ 소그룹에 참여하거나 교회를 정할 때 인맥이나 정에 따라 결정하지는 않았는지 생각해 봅시다.

하나님만 바라보기

하나님, 저는 그동안 신앙생활을 한다고 하면서도 하나님과 전혀 상관없는 방식을 고수할 때가 많았습니다. 하나님을 하나님 자체로 섬기고 따르지 않고 어떤 도구로 바라보기도 했고 하나님보다 사람을 더 중요시하기도 했습니다. 그러면서도 겉으로는 열심히 신앙생활하고 있다는 생각에 '이 정도면 충분해', '다른 사람도 다 이렇게 살잖아' 하며 제 모습을 합리화했습니다. 이제 잘못된 만족감과 자만심을 버리고 하나씩 바꾸어 나가겠습니다. 제가 보기에는 괜찮았지만 하나님 보시기에는 이상했던 그 모든 모습들을 회개하고 돌이키겠습니다. 이제 그 누구도 아닌 하나님 앞에 온전한 사람이 되겠습니다.

33 하나님의 가치관에 내 가치관을 맞추고 있는가?

"나와 함께 아니하는 자는 나를 반대하는 자요 나와 함께 모으지 아니하는 자는 헤치는 자니라" 마태복음 12:30

목사님, 저는 살아오면서 개인적으로 가치를 두게 되는 것들이 생겨납니다. 그런데 신기하게도 시간이 지나면 그런 것들이 다 바뀌곤 하지요. 젊은 시절에는 학교 공부나 연애 같은 것에 가치를 두곤 했지만 시간이 흐르면서 별것 아니게 되었듯이 말입니다. 그러다 보니 현재 제가 가치를 두고 있는 것들도 결국 시간이 지나면 별 가치가 없는 것이 될 것이라는 생각이 듭니다. 지금 제가 가치를 두는 것은 돈을 많이 버는 것과 제 일에서 성공하는 것인데, 결국에는 이런 것들도 다 부질없는 것임을 알면서도 왜 이렇게 집착하게 되는지 모르겠습니다. 하나님 앞에 다 내려놓고 싶어도 잘 되지가 않습니다. 가치관을 바꾸는 것은 정말 힘든 일인 것 같습니다.

가치관이 갖는 파급 효과

인간관계에서 가치관은 매우 중요하다. 가치관에 따라 관계가 더 긴밀해질 수 있고 완전히 갈라설 수도 있다. 부부관계는 물론이고, 친구관계에서도 그렇다. 만약 가치관이 다르면 계속된 갈등만이 조성될 뿐이다. 이런 일들은 굳이 예를 들지 않아도 시민의 고민을 들어주는 〈안녕하세요〉와 같은 TV 프로그램만 봐도 쉽게 알 수 있다. 참 서로 달라서 고민이다.

그런데 올바르지 않은 가치관은 단순한 부딪침 정도로 끝나는 것이 아니라 인류의 비극이 될 수도 있다. 히틀러의 게르만족 우수성에 대한 집착으로 유대인 600만 명이 죽고 세계 전쟁이 일어났다. 그만큼 잘못된 가치관의 폐해는 심각하며, 반면에 좋은 가치관은 엄청난 긍정적 효과를 낸다. 그중 하나가 기부에 대한 가치관의 변화이다. 우리는 6·25 전쟁을 겪으면서 여러 나라로부터 후원을 받았던 수혜국이었다. 그러나 지금은 수혜국에서 후원국으로 바뀐 유일한 나라가 되어 많은 나라를 돕고 있다. 이러한 가치관의 변화는 세계에서 기부 문화가 가장 발달한 미국의 영향이 제일 컸다고 할 수 있을 것이다. 앤드류 카네기 Andrew Carnegie나 존 록펠러 John D. Rockefeller와 같은 사회적으로 막대한 부를 획득한 기업인이 자신의 재산을 사회에 환원하면서 확산된 이 기부 문화는 '세계에서 가장 부유한 인물'에서 '세계에서 가장 기부를 많이 하는 인물'로 바뀐 빌 게이츠 Bill Gates와 이미 자신이 보유한 버크셔 해서

웨이Berkshire Hathaway의 주식 대부분을 빌 게이츠의 재단에 기부하기로 약속한 워런 버핏Warren Buffett 그리고 37억 위안약 6384억 원 넘게 기부한 중국 다롄완다그룹의 왕젠린王健林 등을 통해 세계 각국으로 뻗어 나가며 전 인류에 긍정적인 영향을 주게 될 것이다. 물론 그런 올바른 가치관을 세우는 것이 쉽지는 않다. 한 나라가 바른 가치관을 세우려면 수십 년에서 많게는 수백 년도 더 걸릴 수 있다.

사람들은 대부분 자신의 가치관이 잘못되었을 것이라는 생각은 거의 하지 않는다. 가치관이란 상대적인 것이고 시대적으로 변할 수도 있는데 사람들은 절대적으로 자신의 가치관을 믿는다. 감옥에만 안 가면 이대로, 자기 생각대로 살아도 문제없다고 생각하기도 한다. 하지만 개인의 가치관이라 해도 그 파급 효과는 결코 작지 않다. 한 사람의 가치관이 그 사람이 속한 공동체에 큰 영향을 미칠 수도 있다. 그런 만큼 잘못된 가치관을 그대로 고수하려 해서는 안 된다.

이렇듯 가치관의 변화는 매우 중요한 문제이기에 성경은 이 부분을 강조하고 있다. 가치관의 변화를 통해 구원받게 하는 것이 바로 성경말씀이다. 나 정도면 지옥에는 안 갈 것이라고 생각하는 사람들에게 구원에 대한 가치관을 바꾸어 주는 것이 하나님의 뜻이다. 심지어 하나님은 가치관을 바꾸게 하시려고 시험도 주시고 기적도 주신다.

따라서 가치관이 변한다는 것은 놀라운 축복이자 은혜이다. 구원이란 하나님 나라에 대한 가치관이 변한 것이다. 우리가 삶 속에서 수시로 말씀을 읽는 것도 가치관의 변화를 위해서라고 할 수 있다. 또한 예수님은 제자들에게 "너희는 나를 누구라 하느냐"마 16:15고 물으셨는데 이 역시 가치관의 변화가 있는지 묻기 위함이셨다.

하나님의 가치관과 나의 가치관

그렇다면 우리의 가치관은 어떠한가? 하나님을 마음과 목숨과 힘과 뜻을 다해 사랑하고, 이웃을 내 몸과 같이 사랑하라눅 10:27는 가치관이 내 안에 자리 잡혀 있는가? 만약 이러한 성경적 핵심이 담긴 가치관이 없다면 건강한 신앙생활을 이어 나가기 어려울 것이다. 하나님의 마음이 어떠하실지 헤아리지도 않을 것이고 내 이웃이 어떤 아픔과 어려움 가운데 있는지 관심을 갖지도 않을 것이다.

하나님은 분명 가치관의 변화를 통해 우리가 더 행복해지길 원하신다. 우리에게 가치관을 바꾸라고 하시는 것은 내 생각을 그냥 꺾으려고 하시는 것이 아니다. 잘못된 가치관으로 인해 불행해지는 것을 막기 위함이시다. 잘못된 가치관은 우리가 모르는 사이에 우리의 행복을 앗아가 버린다. 하지만 우리는 잘못된 가치관이 잘못된 줄도 모르기 때문에 방치해 버리는 경우가 많은데, 가령 돈에 최고의 가치를 두는 사람이 있다고 하자. 그래서 몸이 아파도 돈이 아깝다며 그냥 참고 병원에 가지 않는다면 이 사람은 진정 가치 있는 것이 무엇인지 구분을 못 하는 것이다. 우리도 마찬가지이다. 하나님 보시기에 한심한 것에 가치를 두면서도 그것을 인지하지 못하고 그냥 산다. 잘못된 가치관을 그냥 고수하려고만 한다.

가룟 유다와 베드로가 다른 길을 가게 된 것도 다 가치관의 차이 때문이다. 지옥 가는 것도 결국 하나님과 가치관이 다르기 때문이며, 예수님에 대한 가치를 바꾸는 자가 구원을 얻게 되는 것이다. 그러므로 이제 예수 그리스도를 가치 있게 생각하는 것으로부터 시작해서 모든 것을 바꾸어 나가야 한다. 행여 교회 밖에서 홀로 예배를 드리게 된 상황일지라도 예수님만이 진리라는 가치를 얻는다면 충분히 안심할 수 있다.

그렇게 예수님께 가치를 두면 다른 것들이 서서히 변화되어 간다. 그것이 변화의 증거다. 겸손의 왕이신 예수님이 우리에게 겸손의 가치, 온유의 가치를 알려 주시기 때문이다. 또한 그 가치를 인정하고 예수님을 영접할 때 성령이 우리에게 오신다. 삶의 작은 부분까지 다 이끌어 주신다. 온전케 되도록 가르쳐 주신다. 가끔 교회 안에서 결단했는데도 교회 문 밖을 나가는 순간 다시 흐트러지는 모습을 보일 때가 있다. 이것은 성령이 역사하지 않으셨거나 역사하시도록 내어드리지 않았기 때문이다. 진정으로 예수님께 가치를 두고 그 가운데서 성령을 모셔야 온전한 변화의 역사가 일어난다.

교회의 개혁은 가치관의 변화로부터

가치관의 문제로 오늘날 교회 안에 많은 문제가 일어난다. 교회 안에서 자기 가치를 드러내려는 사람이 있기 때문이다. 이런 사람은 하나님이 쓰실 수가 없다. 성경에 나온 인물을 보면 잘 알 수 있듯이 하나님께서는 가치관이 하나님과 같은 사람들을 쓰신다. 사람은 죄 가운데 거하는 죄인이기에 자기 가치에 매여 있으면 하나님과 상관이 없게 되기 때문이다. 특히 이런 사람은 문제가 생겨도 자기 가치관에 문제가 있어서 그런 줄을 모른다. 마치 선악과를 먹은 아담과 하와가 자신들의 가치관이 잘못된 것임을 인정하지 않고 뱀을 탓한 것과 같은 이치이다 창 3:13.

또한 교회가 돈과 권세에 가치를 두어 끊임없이 싸울 때가 있다. 하지만 복음과 관련해서는 싸우지도 않는다. 정작 중요한 복음에 돈과 권세만큼 가치를 두지 않기 때문이다.

오늘날 기독교가 욕을 먹는 이유는 가치관의 변화 없이 그저 교회만 다니기 때문이다. 잘못된 가치관의 힘은 실로 엄청나다는 사실을 기억하자. 부정적인 가치관은 다른 사람에게도 부정적인 영향을 미칠 수 있음을 기억하자.

이제 올바른 가치관 형성을 위해 하나님 앞에 나아가야 한다. 그리고 이를 위해 끊임없이 훈련하고 공동체의 가치관을 하나로 모으기 위해 힘써야 한다. 가정에서도 가족 모두의 가치관이 하나 되면 그 가정이 천국이 된다. 반대로 가치관이 서로 다르면 어디든 지옥이 된다. 이제 우리의 가치관을 바로잡기 위해 도우시는 성령의 손길을 환영하자. 성령이 바꾸시려고 할 때 기꺼이 바꾸시도록 우리 자신을 내어 드리자.

❶ 하나님보다 귀하게 생각했던 가치들을 다섯 가지 이상 생각해 보고, 그것을 어떻게 내려놓을지도 생각해 봅시다.

❷ 내 힘으로만 가치관을 바꾸려 몸부림치지는 않았는지 돌아봅시다. 그리고 앞으로는 가치관을 바꾸기 위해 어떤 노력을 해야 할지, 말씀으로 배운 것에 기초하여 생각해 봅시다.

하나님, 저는 제가 그동안 고수하고 있던 가치관을 쉽게 내려놓지 못했습니다. 하나님께서 기뻐하지 않으실 것이라는 생각을 하면서도 어쩔 수 없다며 붙들고 있었습니다. 그리고 솔직히 그것이 그리 큰 문제인 줄도 몰랐습니다. 그냥 가치관이 어떠하든, 그것과 별개로 신앙생활을 잘하면 된다고만 생각했습니다. 그런데 이제 그것이 엄청난 잘못임을 알았습니다. 하나님과 가치관이 맞지 않으면 기초부터가 흔들린다는 것을 알았습니다. 이제 하나님 앞에 이 모든 것을 내려놓습니다. 오직 하나님의 가치관에 제 가치관을 맞추고, 성령의 인도하심에 제 생각과 행동을 맡기겠습니다.

34 교회의 현주소, 정직하게 진단할 수 있나?

"날마다 마음을 같이하여 성전에 모이기를 힘쓰고 집에서 떡을 떼며 기쁨과 순전한 마음으로 음식을 먹고 하나님을 찬미하며 또 온 백성에게 칭송을 받으니 주께서 구원 받는 사람을 날마다 더하게 하시니라" 사도행전 2:46-47

목사님, 저는 하나님을 잘 믿고 싶습니다. 하나님을 이용하거나 도구로 생각하지 않고 신실한 신앙생활을 하는 하나님의 충성스러운 일꾼이 되고 싶습니다. 세상에서의 복보다는 하나님 나라에서의 영광을 더 추구하고 싶습니다. 그런데 막상 교회에 다니는 성도들은 제가 아는 세상 사람들처럼 똑같이 세상적인 복을 추구합니다. 좀 심하게 말하자면 복 받기 위해 혈안이 되어 있을 정도입니다. 요즘은 교회에서도 세상적인 복을 강조하는 것을 느낍니다. "이렇게 행하고 저렇게 행하면 복을 받는다"는 말씀만 듣는 것 같습니다. 그렇다 보니 저도 언제부터인가 '기독교인도 어차피 사람이니 세상 사람과 비슷하게 살면 되겠구나' 싶은 마음이 들기도 합니다. 그런데 뭔가 찝찝합니다. 세상 사람처럼 그렇게 살아도 되는지, 그들이 추구하는 것을 똑같이 추구해도 되는지 말입니다. 제가 괜히 유난 떠는 것 같기도 하고요.

희망 가득했던 초기의 교회 모습

교회의 탄생은 이미 준비된 것이었다. 예수님께서 제자들에게 예루살렘을 떠나지 말고 하나님께서 약속하신 것을 기다리라고 하실 때부터 예고되었다 행 1:3. 예수님의 약속대로 모여 있는 그들에게 성령이 임했고 성령충만함을 입은 그들은 흩어져 복음을 전하기 시작했다. 그리고 그 복음을 듣고 한 사람, 두 사람씩 모이기 시작한 것이 바로 교회다. 교회는 이 땅에서 사는 동안 사람들을 구하고 함께 예수님의 사명을 감당하기 위해 만들어진 지체의 모임이며 터전이다.

이러한 교회의 탄생은 당시 세상 사람들에게는 충격이었다. 초대교회에는 노예, 일반인, 죄인, 귀부인, 군인, 상인, 부자, 가난한 자, 외국인 등 각 종류의 사람이 모였다. 이런 모임 자체가 세상에는 충격이었다. 그 당시는 계급과 계층별로 만나고 모이던 사회였기에 더욱 있을 수 없는 일이었다.

이 밖에도 교회의 출현은 세상을 놀라게 했다. 자기 것을 포기하고 나누고 섬기는 데에 헌신하는 그들의 모습은 세상 사람들로부터도 칭찬받을 만했다. 그래서 사람들은 교회에 다니는 사람들의 이름을 따로 부르기 시작했다. 그것이 '그리스도인'이다. 물론 당시 그리스도인들에 대한 반응이 다 같았던 것은 아니었다. 놀라워하며 칭찬하는 사람도 있었지만 대적하고 핍박한 사람도 많았다. 그러나 교회와 그리스도인은 그런 핍박에 개의치 않았다.

그렇다면 그러한 핍박 가운데서도 교회가 사라지지 않고 계속해서 존재할 수 있었던 이유는 무엇인가? 교회 안에 특별한 무엇인가가 있었기 때문이다. 그것이 바로 희망이다. 그리스도인은 교회에서 희망을 보았다. 그들은 나라의 변혁을 꿈꾸지 않았지만, 서로가 변화되는 것을 보기 시작했다. 그렇게 각 사람이 변하고, 그 사람으로 인해 가정이 변하고, 동네가 변하고, 나라가 변하는 것을 보았다. 실제로 과거 유럽의 문화는 기독교 문화로 덮여 있다. 그들은 하나님의 이름을 걸고 복음을 확장해 나갔고 자신을 변화시켜 갔다. 시험과 핍박을 이겨 내고 교회 안에서의 희망을 이어 갔다.

놀랍게도 그 이후로 어느 나라든 기독교가 들어가서 자리를 잡을 때마다 새로운 변화가 일어났다. 우리나라도 그중의 하나다. 독립운동, 새마을 운동, 계몽 운동, 민주주의 운동 등 역사 속에서 기독교를 뺄 수가 없다. 이처럼 교회의 힘은 참으로 신비로운 것이었다.

희망을 잃어 가는 교회의 모습

그런데 어째서 지금은 교회가 세상의 희망이 되지 못하고 있는 것일까? 이에 대해서는 여러 진단이 내려지고 있다.

첫째, 회개하지 않은 사람들이 교회 안으로 들어왔기 때문이다. 여기에서 회개란 도덕적 잘못에 대한 회개만을 말하는 것이 아니다. 대부분 미워하고 거짓말하고 도둑질하고 술 마신 것 등에 대해 회개는 한다. 그런데 거기에서 그친다. 존재의 회개와 회심이 있어야 하는데 그 부분은 간과하고 있는 것이다. 또한 마음속에 있는 세속적 가치관에 대해서도 회개하지 않는다. 그러기에 기복 신앙과 세상적 경제관은 바뀌지 않고 있다. 심지어 그것을 당당히 요구하라고 가르치기까지 한다. 하나님의 말씀이라고 가르치지만 정작 세상에서 성공하고 물질적으로 부유하게 되는 것을 궁극적 목표로 삼도록 하고 있다. 물론 축복의 한 모습으로 물질적인 부를 이해하는 것은 필요하지만 이것이 목표가 되어서는 안 된다.

그런데 주객이 전도되어 하나님이 도구가 되고, 세상적인 복이 목표가 되어 가고 있다. 교회는 그렇게 해서라도 사람들을 교회 안에 묶어 놓으려 했고, 그러한 교회의 풍토에 성도들은 암묵적으로 동의하고 있다. 그래서 교회를 선택할 때마저 교회가 가진 재물의 힘, 사람의 힘을 고려하며 선택한다. 하나님을 섬긴다고는 하지만 로마가 전해 준 제왕적 삶을 여전히 추구하는 것이다. 도덕적인 잘못들만 회개한 채 이러한 부분은 내버려 두는 사람들은 자신이 누구인지도 모른다. 세상이 어떤 곳인지도 모른다. 말로는 하나님의 자녀이며 하나님 나라가 본향이라고 하지만 마음속으로는 세상을 본향으로 삼는다. 이렇게 세상에서 방황하는 자에게는 희망이 없다.

둘째, 하나님에 대해 오해하기 때문이다. 교회에서는 하나님이 구원해 주시면 그 구원의 사랑을 아무도 끊을 수 없다고 가르친다. 일단 이것은 은혜가 되고 손해 보지 않는 것처럼 보인다. 물론 말 자체가 틀린 것은 아니다. 그러나 구원받았다고 안일하게 살면서 세상 사람과 똑같이 사는 구별되지 않은 죄인에게 적용되지는 않을 것이다. 교회에 다니긴 하는데 하나님을 하나님으로 인정하지 않는다면 세상 사람과 다를 바가 없다. 이 부분에 대한 경각심을 교회가 가르쳐야 하는데 '구원받았으니 이제 마음 놓고 살라'는 분위기가 강하게 조성되어 교회가 보이지 않게 타락하고 있다. 하나님의 뜻을 오해한 곳에 희망은 사라지고 타락이 남는다.

셋째, 현실 도피성 신앙생활의 행태를 보이기 때문이다. 세상에서 잘 안 돼서, 힘들어서, 다른 어떤 힘을 바라는 것 자체가 이미 현실 도피다. 물론 하나님께 문제를 의탁하고 도우심을 구하는 것은 맞다. 그러나 거기서 그쳐서는 안 된다. 도피한 사람들끼리 모여 세상을 정죄하고 그 안에서 안심하고 사는 것, 그것은 또다시 세상이 된다. 심지어 문제 가운데서 하나님을 더 의지하고 하나님만 바랄 수 있게 해야 하는데, 하나님을 통해 부자 되는 것에 목표를 다시 둔다. 예수님을 전하는 것에는 관심도 없다.

교회가 세상화되어 가는 근거는 간단하다. 세상에서 바라던 것들을 교회 안에서도 바라고 있으면 그것이 바로 세상화되고 있는 것이다. 인정받기를 바라고, 권세를 누리고 싶어 하고, 그런 것이 수반되어야 안심하며 이것이 은혜라고 말하면서 심각한 상황에 이르게 된 것이다. 분명 예수님과 구약의 선지자는 종교인의 종교성과 경제 개념, 그리고 경제 구조까지 비판하셨다. 그런데 안타깝게도 오늘날은 경제관이 문제인 줄을 모른다. 덮어놓고 축복이고 은혜인 줄로만 안다.

　이제 교회의 변화가 필요하다. 다른 교회도 다 그러니 우리도 그렇게 하자는 것은 하나님의 진리를 외면하는 것이다. 처음부터 다시 시작하더라도, 그래서 시간이 걸리고 힘들더라도 고치고 회복시켜 나가야 한다. 그러한 곳에서만이 하나님이 온전히 역사하신다.

마음 들여다보기

❶ 이미 구원받았다는 사실에 만족하여 세상 사람과 똑같은 모습으로 살아가지는 않았는지 돌아봅시다.

❷ 세상적인 복이 아닌, 성경적인 복을 누리는 방법에는 어떤 것들이 있는지 초대교회의 모습을 통해 알아봅시다.

하나님만 바라보기

하나님, 저는 그동안 하나님보다 교회라는 건물에 더 매여 있었던 것 같습니다. 외형적인 교회만 잘 다니면 된다고 생각했고, 제 마음이 하나님 앞에 어떠한지는 돌아보지 않았습니다. 목사님 말씀이 무조건 진리려니 생각했고, 세상적인 복을 추구하는 말씀을 전할 때 그것이 옳고 지당하다고 생각했습니다. 목사님보다, 교회보다 하나님이 우선인데 외형적인 것에만 매여 있었습니다. 앞으로는 하나님께서 원하시는 진리의 말씀 가운데 거하며, 하나님만을 섬기고 하나님만을 기쁘시게 하겠습니다. 또한 오늘날 변질된 교회들, 희망을 잃어 가는 교회에 하나님의 회복이 있기를 소망하며 중보하겠습니다.

35 교회가 회복해야 할 성경적인 문화란?

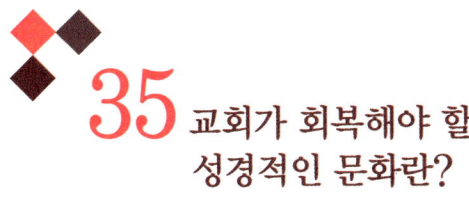

"내가 복음을 부끄러워하지 아니하노니 이 복음은 모든 믿는 자에게 구원을 주시는 하나님의 능력이 됨이라 먼저는 유대인에게요 그리고 헬라인에게로다" 로마서 1:16

목사님, 저는 직업상 학생들이나 젊은이들과 어울릴 때가 많습니다. 그런데 가끔 교회를 다니지 않는 청년들과 이야기하다 보면 그들이 가지고 있는 교회나 기독교인에 대한 나쁜 선입견 때문에 안타까울 때가 많습니다. 그들은 교회에 대해서 고리타분하고 구태의연하다며 왠지 거리감이 느껴진다고 말하기도 합니다. 그런 이야기를 들을 때마다 그들이 교회를 좋아하도록 무언가 획기적인 방안이 있었으면 좋겠다는 생각이 들곤 합니다. 가령 교회에 연예인도 자주 초청하고, 세상 문화도 함께 공유하는 등 열린 문화를 만들어 가면 조금이라도 변화가 생기지 않을까요? 사실 성경 하나만 가지고 그들을 교회 안으로 이끌고 세상을 변화시키기란 너무 무모한 것이 아닐까요?

성경적인 문화의 회복

간혹 젊은이 중에 교회 안의 문화가 자신과 맞지 않는다고 말하는 이들이 있다. 비단 젊은이들뿐만 아니라 다양한 세대로부터 그런 반응을 접하게 된다. 물론 그런 반응들을 접하게 되면 '교회 문화에 어떠한 개선이 필요하지는 않을까', '세상적인 문화와의 접목이 필요한 것은 아닐까'라는 생각을 해볼 법도 하다. 세상 문화와 접목하면 젊은이들을 비롯한 비신자들이 교회를 향해 마음 문을 열 수 있으리라고 판단할 수도 있기 때문이다.

물론 일부 교회에서는 어떻게 교회가 세상의 문화를 접목할 수 있느냐며 전자악기조차 허용하지 않는 경우도 있다. 그러한 세상 문화로 인해서 복음이 흔들릴 수 있다는 이유에서다. 그러나 반드시 알아야 할 것이 있는데, 그것은 문화와 복음의 구별이다. 문화는 복음이 아니다. 복음은 예수 그리스도 자체이며 시대와 공간이 어떠하든지 변함이 없는 진리이다. 이 진리는 성경이라는 첨단 무기를 통해서 수천 년 동안 변함없이 사람들을 구원해 왔기에, 이러한 성경에 맞추어 문화를 교회에 접목한다 해도 그 문화를 통해 복음이 흔들리거나 왜곡될 수는 없다. 그뿐만 아니라 교회에는 문화적 명령이 있다는 사실 또한 간과해서도 안 된다. 언뜻 보면 교회가 세상의 문화를 받아들이는 것으로 보이지만, 실상 자세히 살펴보면 세상이 성경의 문화를 가져가고 있는 것이다. 그중 하나가 '섬김의 리더십'이다. 리더십에 섬김이라는 요소가 접목된 것은 세상에서는 전례가 없던 것이다. 권위와 카리스마가 기본이 되었던 리더십에 바로 예수님이 보여 주신 섬김의 리더십이 진정한 영향력을 끼치게 된 것이다. 요즘 여러 기업에서 너 나 할 것 없이 수련회, 워크숍 등에서 세족식이 이루어지고 있다. 예수님이 그러셨던 것처럼 높은 위치에 있는 상사가 부하직원의 발을 씻겨 주면서 섬김의 리더십을 보여 주는 것이다.

이처럼 세상에서는 성경의 문화를 가져가 여러 가지로 활용하고 있는데, 정작 오늘날 교회는 성경적인 문화를 활용하고 적용하는 데에 게으르다. 성경이라는 최고의 문화와 복음이라는 절대 진리를 가지고 있으면서도 오래된 전통을 지키는 것에만 의미를 두는 듯하다.

교회가 세상을 변화시키려면 바른 복음에 서서 문화적 유연성을 가져야 한다. 그래야 삶의 현장에, 낮은 곳에 복음이 임할 수 있다. 복음 자체가 위대한 능력이기 때문이다롬 1:16. 이렇게 할 때 세상에서 고루하다 여김 받는 기독교가 아닌 생동감 있는 기독교로 회복될 수 있다.

권위 의식에서 벗어나야 할 교회

이제 막 신앙생활을 하는 사람들은 오랜 기간 신앙생활을 한 사람들을 보면 '아, 신앙생활이란 저렇게 하면 되는구나' 하고 느끼게 된다. 이것은 무서운 책임이다. 그 신앙의 연륜 속에 녹아 있는 깊이에 감동할 수 있게 해야 하는 것이다. 그런데 안타깝게도 이와는 반대로 '신앙생활 오래 하면 저렇게 되나?' 하는 생각이 들게 하는 사람을 볼 때가 있다. 특히 우리나라는 유교 문화에 근간을 두고 있다 보니 교회에서도 유교 문화 특유의 권위 의식이 잠재해 있는 경우가 많다. 이로 인해 신앙 연수가 오래된 성도들에게 무언가 무겁고 권위적인 느낌이 나타날 때가 있고, 그 결과 다른 사람으로부터 거리감을 느끼게 하기도 한다. 그렇게 성도 중 일부는 무겁고 진중해 보이는 것을 추구하면서 한국 특유의 양반 문화를 답습하려고 한다. 그러나 교회는 무겁고 무미건조한 무채색이 되어서는 안 된다. 하나님 안에서 자유롭게 뛰놀면서 다양한 문화적 접근도 창조적으로 시도해 봐야 한다.

물론 이것이 오랫동안 신앙생활을 한 일부 성도들만의 문제는 아니다. 오늘날 한국 교회는 전반적으로 격식을 따질 때가 많다. 교회에 올 때는 격식을 갖춘 어두운 색 복장을 착용해야 하고 예배 시간에 큰 소리로 웃는 것을 어색해한다. 피아노와 오르간은 경건한 악기이며, 클래식이 더 영적인 것이라 생각하고, 성가대라면 가운을 입어야 경건의 모습을 지키는 것이라 여긴다.

그러나 예수님을 떠올려 보자. 예수님은 제사장 복장으로 다니지 않으셨다. 제자들과 섞여 있으면 누가 예수님인지도 모를 정도였다. 언어 구사 역시 서민들이 쓰는 언어를 사용하셨다. 히브리어와 같이 종교 지도자들만이 아는 언어를 쓰실 수도 있었지만 시장의 언어를 사용하셨다. 또한 말씀을 전하실 때도 듣기 쉽게 비유로 말씀하셨다. 어디 그뿐인가. 뒤뚱거리는 어린 나귀를 타고 행진하시기도 했다.

근엄한 것이 경건한 것은 아니다. 하나님 앞에서는 다윗처럼 망가지는 것을 감수하면서라도 자유롭게 뛰며 찬양할 수도 있어야 한다. 감정은 절제하는 것이지 숨겨야 할 것이 아니다. 복음의 기쁨 앞에서는 크게 웃을 수 있어야 하고 어떠한 복장으로도 마음 편히 하나님 앞에 나올 수 있어야 한다. 언제부터인가 잘못 자리 잡혀 온 교회의 권위적인 문화를 벗어던지는 것이 하나님과 사람 사이를 더 가깝게 하는 방법이다. 그게 더 본질에 가깝다.

마음 들여다보기

❶ 나는 성경적인 문화에 얼마나 관심을 두고 있는지 돌아봅시다. 성경적인 원리 중 내 삶에 적용할 수 있는 것을 찾아 한 가지만 이야기해 봅시다.

❷ 내가 알게 모르게 젖어 있는 교회 안의 격식들에 대해 생각해 보고 정말로 필요한 것들만 따로 추려 봅시다.

하나님만 바라보기

하나님, 저는 그동안 교회에 다니면서 비본질적인 것에 너무 매여 있었습니다. 그러면서 교회의 문화가 은근히 불편한 것이 많다고 원망하기만 했습니다. 하나님께서 우리에게 진정으로 바라시는 것은 따로 있는데, 불필요한 격식에만 사로잡혀 있었습니다. 또 그것이 마치 하나님의 뜻인 양 오해하기까지 했습니다. 그리고 복음의 위대한 능력 하나만을 신뢰하며 전도해야 하는데, '어차피 저 사람들은 교회 문화를 싫어할 거야' 하고 생각하면서 전도하기를 포기할 때도 많았습니다. 이제 한 명에게라도 더 복음을 전할 수 있도록 노력하고 성경적인 문화가 저의 가정과 세상 가운데서도 많이 적용될 수 있도록 힘쓰겠습니다. 제가 그것을 퍼뜨리는 하나님의 사람이 되도록 노력하겠습니다.

36 올바른 목표를 설정했는가?

"이르되 너희가 믿을 때에 성령을 받았느냐 이르되 아니라 우리는 성령이 계심도 듣지 못하였노라" 사도행전 19:2

목사님, 저는 교회에 다니는 것이 처음에는 정말 재미있었습니다. 프로그램도 많고 함께 교제하는 것도 좋았고 예배 시간에 나름의 경건한 분위기도 꽤 매력이 있다고 생각했습니다. 그래서 교회에 나오면 마냥 신나고 들뜨곤 했지요. 그런데 시간이 지나면서 지금은 이도 저도 아닌 마음이 되어 버렸습니다. 특별한 문제나 이유가 있는 것도 아닌데 교회에 나와도 기쁘지 않고, 왜 나왔나 싶기도 하고, 말씀은 귀에 들리지도 않습니다. 그런데 예수님을 영접했으니 교회를 다니지 않을 수도 없습니다. 이제 저는 어떻게 해야 할까요? 교회 안의 프로그램에 더 많이 참여해 봐야 할까요? 그렇게라도 하면 교회가 다시 재미있어질 수 있을까요?

Part 4. 교회의 회복을 위하여 245

교회가 타락하게 된 과정

　대표적 교회의 타락 시점을 꼽으라면 아마도 313년 로마에서 기독교를 국교로 정한 후가 아닌가 싶다. 태양신 숭배를 완전히 버리지 않은 로마 제국의 황제는 기독교인들에게 여러 특혜를 주었다. 그러자 엄청나게 많은 사람이 자기 이익을 위해서 개종을 했다. 이전에는 기독교인이라고 하면 순교해야 했는데 이제는 기독교인이라는 이유로 사회적으로 유리한 위치에 오를 수 있게 된 것이다. 그래서 가짜들까지 기독교인이라고 당당히 말하기 시작했다. 예배 드리는 공간도 넓어졌다. 이단 신전을 그대로 사용해서 많은 사람이 모여 예배를 드리기 시작했다. 그 동안 핍박을 피해 땅 밑 카타콤에서 몰래 예배를 드리다가 갑자기 커다란 공간에서 대규모로 모이게 되자 사람들은 당황하기 시작했다. 무엇을 어떻게 해야 할지 감이 잡히지 않는 것이었다.

　그들은 많아진 사람들을 관리하기 위해 조직이라는 것을 만들기 시작했다. 특히 당시 강력한 영향력을 행사했던 로마의 군대 조직을 교회에 적용했다. 또한 당시 로마는 전 세계를 정복하려는 야망을 품고 있었는데 바로 그 욕망을 성경에 갖다 붙이기 시작했다. "땅끝까지 이르러 내 증인이 되리라" 행 1:8는 말씀을 땅끝까지 가서 세계를 점령하라는 말로 이해했다. 진리의 말씀으로 사람의 욕심이 충족되도록 연결시킨 것이다. 이런 상황에서는 진짜, 가짜를 구분하기도 어려웠다. 갑자기 개종해서 출세하려는 사람이 많았기 때문에 그럴 수밖에 없었다. 마음에 말씀진리이 없던 사람들이 교회에 모여 정복과 야심에 대한 열망만 품고 분위기를 그쪽으로 몰고 간 것이다. 그래서 로마가 낸 길을 따라서 복음으로 전 세계를 정복해야 한다고 생각하기까지 했다.

이것은 당연히 역효과를 낼 수밖에 없었다. 진짜 복음이 들어가면 변화가 일어나는데 가짜가 들어가니 어설프게 믿은 말씀으로 오히려 죄를 저지르게 되는 것이었다. 심지어 교회엄밀히 말하면 가톨릭가 영적 권위를 잃어 가자 그들은 인간적 권위를 다시 회복하기 위해 십자군 전쟁을 일으켰다. 이것을 신학으로 잘 포장하여 전쟁을 일으키고 여러 죄악의 전리품을 탐내게 했다. 성당 지을 돈이 부족하면 면죄부를 팔았다.

이처럼 교회가톨릭라는 단체를 유지해야 한다는 목표가 생기자 범죄도 아무렇지 않게 저지르게 된 것이다. 그 이후로도 하나님의 이름으로 인간의 욕심, 단체의 욕심을 채우기에 급급했다. 원주민을 다 죽이기도 했으며, 교회 건물을 하나님께 드린답시고 세워 놓고는 그곳에서 나오는 재물을 가지고 또다시 범죄했다.

안타깝게도 이것은 과거 역사 속 이야기만이 아니다. 잘못된 목표 설정으로 인해 욕망을 추구하는 것은 오늘날 교회의 현실이기도 하다. 사도행전에 나타난 교회의 초기 모습은 분명 이와 달랐다. 군대 문화에서처럼 명령하는 모습도 없었다. 고백과 토론이 있고 권면이 있을 뿐이었다. 누군가가 감히 예수님을 대신하지도 않았다.

올바른 목표 설정

교회가 잘못 설정하고 있는 목표 중 하나가 바로 기독교 나라왕국의 건설이다. 영적 개념을 무조건적으로 적용하다 보니 대한민국을 주께 드린다는 말도 나오고 있다. 나라를 사랑하는 애국심과 어설픈 신학이 만나 나라 전체의 기독교화가 비전이 되어 버린 것이다. 그렇게 해서라도 조금 더 힘을 키우고 세력을 형성하고 싶은 마음에 더 큰 교회, 더 높은 사람들이 필요해진 것이다. 그러나 우리는 이 땅에 기독교 왕국을 건설하기 위해 모인 사람들이 아니다. 복음을 전하고 한 사람이라도 더 하나님의 자녀가 되도록 이끌기 위해 모였다. 그런데 지금 교회가 성도들에게 잘못된 목표 설정을 제시하는 일이 생기고 있는 것이다. 그것은 크고 위대해 보이지만 딱히 성경적이지는 않다. 물론 성도에게는 정의가 이루어져야 할 곳에 의견을 제시하고 지켜보면서 함께 변화를 이뤄야 할 책임은 있다.

그러나 우리는 먼저 교회의 존재 목적을 바로 알아야 한다. 우선 성경에 근거해서 정확한 목적을 알고 그것을 붙들어야 한다. 성경에서 바울은 "너희가 믿을 때에 성령을 받았느냐"행 2:2라고 물어본다. 이것이 바로 교회의 태동이다. 새가족이 처음 교회에 왔을 때 그들은 성령을 모르기 때문에 교회는 그들에게 성령을 받았는지 묻게 되고, 자연히 성령을 받을 수 있도록 도와줄 능력이 있는 사람들이 그들이 회개하도록 이끌고 성령을 전해 주게 된다.

한마디로 교회는 성령을 받게 해주는 곳이다. 성령이 무엇인지 모르고 성령과 교제가 없는, 성령과 상관이 없는 사람은 교회와 상관이 없다고 해도 과언이 아니다. 심지어 어떤 사람들은 성령을 안 받아도 된다고 하는데 그것은 교회의 존재 목적 자체를 무시하는 것이다. 어떤 식으로 교회에 왔든지 성령을 반드시 받아야 한다.

바울은 회당으로 들어가 석 달 동안 담대하게 말하며 하나님의 나라에 대해 강론하고 설득했다. 그런데 성경을 좀 아는 사람에게 성경을 가르쳤더니 일부 몇몇 유대인들의 마음이 완고해져서 믿기를 거부했다. 몇 사람이 작심한 채로 믿음을 거부하며 공공연하게 비방하기 시작했다. 이러면 교회가 이루어질 수 없다. 성령은 예수님을 영접하는 자, 깨달은 자, 시인하는 자, 말씀에 순종하는 자에게 임하고 그 사람은 교회가 된다.

이후 바울은 두란노 서원으로 옮겨 2년 동안 막힘없이 사역하며 말씀을 가르치게 되고 그로 인해 많은 사람이 주의 말씀을 받아들이게 되었다. 이것이 바로 교회가 할 일이다. 말씀을 가르치고 많은 사람에게 듣게 하는 것이 교회의 존재 목적인 것이다. 그냥 건성으로, 곁다리로 듣게 하는 것이 아니라 정말 그 귀에 들리게 해야 한다. 그때 택함을 받은 백성은 돌아오고 비방을 하는 자는 떠나가는 것이다.

이 두 가지 본질을 외면한 채 다른 목표를 더 원대하게 소망하면 이미 다른 길에 들어선 것이다. 기본적인 성경의 원리를 무시한 채 세상적인 목표 설정과 방법을 끌어오려고 하면 교회는 더는 교회가 되지 못한다. 다시 한 번 강조하지만, 교회는 성령을 받게 하고 말씀을 귀에 들리게 하는 것, 이 두 가지 존재 목적을 반드시 기억해야 한다. 바른 목표 설정이 바로 교회를 살리는 기본 과제이다. 이 일에 매진하고 이 일을 잘하는 사람으로 우리는 부르심을 받았다.

❶ 성령을 꼭 받지 않아도 괜찮을 것이라고 생각하거나 새가족에게 굳이 성령을 강조하지 않아도 된다고 생각하지는 않는지 돌아봅시다.

❷ 교회에서 말씀을 듣고 배울 때 하나하나 놓치지 않으려고 노력하고 있는지 돌아봅시다. 나는 무엇을 목표로 어떤 준비를 하고 있는지 점검해 봅시다.

하나님, 저는 그동안 하나님께서 정말로 교회와 성도에게 원하시는 것이 무엇인지 알지 못했습니다. 그런 마음을 알려고 노력하지도 않은 채 세상적인 방법으로 교회 문화를 만들어 나가려고 했습니다. 성령과 말씀이 기본이 되어야 하는데 그것은 너무 뻔한 것이라며 무시했습니다. 설교 말씀을 들을 때마다 똑같은 이야기라며 귀를 닫은 적도 있었습니다. 이제 교회의 존재 목적을 분명히 기억하며 저 역시 그 목적 안에 거할 수 있게 하겠습니다. 성령에 사로잡힌 사람, 말씀의 반석 위에 선 사람이 되어 하나님을 기쁘시게 하며 살겠습니다. 그동안 가졌던 잘못된 신앙의 목적을 청산하겠습니다.

37 과연 행복한 교회가 있기는 한가?

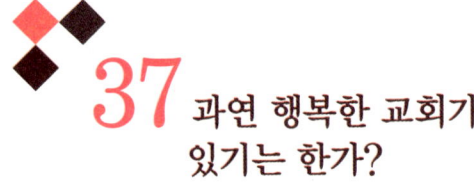

"예수께서 그들 앞에 또 비유를 들어 이르시되 천국은 좋은 씨를 제 밭에 뿌린 사람과 같으니 사람들이 잘 때에 그 원수가 와서 곡식 가운데 가라지를 덧뿌리고 갔더니" 마태복음 13:24-25

목사님, 저는 행복이라는 말을 참 좋아합니다. 그래서 어디에서든 행복한 것이 제일 우선이라고 생각합니다. 교회도 마찬가지입니다. 하나님의 자녀가 하나님 아버지를 섬기기 위해 모인 곳이니 적어도 가장 행복한 공간이 되어야 하지 않을까요? 그리고 우리 교회가 그 어떤 교회보다 행복했으면 좋겠습니다. 그런데 막상 현실을 보면 그렇지 않습니다. 교회 안에도 세상처럼 똑같이 분쟁이 있고 다툼이 있고 시기와 질투도 있습니다. 솔직히 이해가 가지 않습니다. 교회가 왜 이러는지……. 하나님이 세운 교회가 맞기나 한 것인지 의문이 들 때가 한두 번이 아닙니다. 정말 어떤 때는 행복이 넘치는 교회를 찾아서 그 교회로 옮겨야 하는 게 아닌가 하는 생각마저 들 정도입니다.

교회는 행복해질 필요가 없다

많은 사람이 '우리 교회가 행복해졌으면 좋겠다'고 생각한다. 언뜻 보기에 이런 마음은 참 순수해 보일 수 있다. 그러나 깊이 들여다보면 이기적인 죄성과 무지에서 나왔음이 드러나게 된다. 교회가 마냥 행복한 것은 교회의 존재 목적과 부합되지 않는다. 본래 교회가 행복한 것은 불가능한 일이다. 요한계시록에 등장하는 소아시아 일곱 교회를 살펴보면계 2, 3장 문제없는 교회가 하나도 없다. 교회에는 무조건 행복하기보다 속상한 일들이 속속 등장해야 정상이다. 왜냐하면 교회는 세상에 자리 잡고 성화聖化를 목표로 달려가기 때문이다. 예수님께서는 이 부분을 좋은 씨와 가라지로 비유를 들어 말씀하셨다마 13:24-30. 하나님이 알곡을 심는 동안 사탄도 가라지를 심는다는 것이다. 즉 알곡이 없이 가라지만 있는 곳이라면 알곡과 가라지가 서로 비교되지 않으니 문제가 드러날 것도 없지만 알곡이 있는 교회라면 중간중간 보이는 가라지들로 문제가 발생할 수밖에 없다.

반대로 교회와 달리 세상에서 만들어진 단체는 행복해질 수 있다. 충분히 행복한 단체를 꿈꾸어도 된다. 세상 속의 단체는 교육의 수준이 비슷하고 재산과 문화, 인격의 수준도 비슷하고 심지어 소망하는 것 역시 비슷하다. 특히 우리나라는 정치적 성향만 비슷해도 행복한 단체가 될 수 있다. 자기와 같은 사람들끼리 모여서 만족하며 행복을 즐기면 되기 때문이다.

그러나 교회는 자기들끼리 모여서 행복하라고 주신 단체가 아니다. 만약 교회가 세상 단체처럼 우리끼리 모여서 즐겁고 재미있다면 그때는 오히려 흩어져야 한다. 아니, 하나님이 다 흩어 놓으신다. 예루살렘의 성령 받은 초대교회 성도들을 흩어 놓으셨듯이 말이다. 교회는 천국을 바라보면서 영적인 전쟁을 수행하고 전투적으로 살아야 하는 곳이다. '여기가 좋사오니' 하며 만족하려는 것은 하나님이 원하시는 것이 아니다.

교회는 병원과도 같다. 병원에는 병 걸린 사람들이 찾아오지만 모두 다 건강을 되찾아 나가는 것은 아니다. 안타깝게도 병이 악화되거나 수술할 수조차 없어 그냥 죽음을 맞는 사람도 있다. 병원은 좋은 목표로 만들어졌음에도 불행과 행복이 공존하는 곳이다. 교회도 이처럼 구원받고 생명을 얻어서 열매 맺는 삶을 살게 되는 사람이 나오면 행복하다. 하나님의 살아 계심이 나타나니 행복할 수밖에 없다. 그러나 가라지가 함께 자라서 나오고 말씀을 거절하는 사람이 있기에 결국 실족하는 사람도 생기고 불행도 함께 깃든다. 그러므로 교회를 행복한 장소로 만들기 위해서 싸울 필요가 없다. 오히려 행복한 교회를 만들려고 애쓴다면 마귀가 이를 가지고 더 시험 들게 할 것이다. 교회는 사람을 살리는 일을 함께할 성도들이 모여 그 일을 포기하지 않도록 서로 격려하는 것을 최고의 기쁨으로 여겨야 한다.

행복 대신 의미를 따라 사는 존재

이제 우리는 교회를 통해 행복을 추구하려고 할 필요가 없다. 초대 교회 성도들은 구원받은 것만으로도 감사했다. "내 인생은 왜 이 모양이지?" 하며 원망하지 않았다. "말씀을 들어 보니 이렇게 사는 것도 다 이유가 있고 의미가 있구나" 하면서 구원받은 것만으로도 즐거워했다. 그러나 오늘날 교회는 어떤가? 구원받은 것만으로 행복해하지 않고 안 믿는 사람이 가진 복까지 다 받아야 행복하다고 여긴다. 이것은 엄밀히 말하면 구원을 받지 못했다는 증거이기도 하다.

우리는 행복에 대한 생각을 바꾸어야 한다. 성경은 '그리하여 왕자와 공주는 행복하게 살았답니다'와 같은 이야기를 하지 않는다. 현실을 빨리 직시해야 한다. 오히려 성경은 행복은 아직 완전히 오지 않았다고 말씀한다. 단지 행복의 약속이, 행복의 씨앗이 임했다고만 알려 준다. 그러므로 행복의 정의가 바뀌지 않은 채로 예수님을 믿으려고 덤비면 오히려 불행해진다.

오늘날 교회에서는 많은 문제와 다툼이 생겨난다. '세상이 행복하지 않으니 교회 안에서라도 좀 행복해지자'며 세상 논리를 적용하다 보니 문제가 생기는 것이다. 가라지로 인해, 우리 안에 남아 있는 죄성으로 인해 완전한 행복이 깃들지 못할 수밖에 없음을 이해해야 한다.

우리는 행복을 따라서 사는 존재가 아니라 의미를 따라서 살아야 할 존재이다. 죄 사함을 받은 의미로, 구원을 받은 의미로, 사명을 받은 의미로 살아가는 존재이다. '당장은 삶이 곤궁할지라도 우리는 이미 구원받은 존재이기 때문에 거친 세상을 견딜 만하다'고 생각해야 한다. 이것만으로도 충분한 행복이 되어야 한다. '이왕에 하나님을 믿었으니 여기서 더 빌어서 세상 사람만큼은 살아야 행복하겠다'고 하는 것은 불행으로 가는 지름길이다.

조금 실망이 될 수도 있다. 그런데 여기 하나님의 선물이 있다. '쉼'이다. 하나님은 고난의 중간중간에 행복이라 느낄 쉼을 주신다. 그러면 족하지 않은가.

최후의 행복은 천국에 있다. 하나님 외에 우리를 진정으로 행복하게 해줄 사람은 아무도 없다. 그러므로 인생에 대한 행복의 기대를 접고 하나님이 행복하시도록 하는 데에 힘써야 한다. 이를 위해 예수님을 믿고, 또 예수님을 믿는 사람을 더 만드는 데에 힘써야 한다. 이것이 뒤바뀐 사람은 자기를 섬기고 자기가 잘되기를 바라는 우상 숭배자이다. 이제 교회와 행복의 관계를 분명히 알자. 행복만을 외치지 말고 구원받은 은혜에 자족하며 나에게 주어진 의미들을 붙들자.

마음 들여다보기

❶ 구원받은 것만으로도 감사한데, 더 바라는 것이 있어 계속해서 구하고 있지는 않은지 돌아봅시다. 진정한 구원의 가치와 의미에 대해 깊이 묵상해 봅시다.

❷ 지금 우리 교회 안에서 하나님이 나를 통해 이루고자 하시는 사명이 무엇인지, 작은 일 하나라도 있다면 떠올려 보고 다시 한 번 헌신을 결단해 봅시다.

하나님만 바라보기

하나님, 저는 그동안 교회에 대해 많이 오해했습니다. 교회가 정말 세상 속의 단체처럼 인간을 행복하게 해주는 곳으로 기능해야 한다고 생각했습니다. 그래서 교회 안에서 시험 들 만한 일이 생기면 '교회를 떠나야 하나', '교회가 왜 이 모양일까' 하는 생각만 했습니다. 정작 하나님이 그 일을 통해 이루고자 하시는 계획과 뜻에 대해서는 생각하지 못하고 제가 교회 안에서 누릴 행복에 대해서만 꿈꾸고 기대했습니다. 그런 철없었던 저의 모습을 회개합니다. 이제는 인간적인 행복을 교회 안에서 누리려는 생각, 교회 안에서 세상적인 기쁨을 기대하려는 생각을 버리겠습니다. 성령께서 하나 되게 하시는 교회, 성령께서 주시는 평안으로 가득 찬 교회, 맡겨 주신 사명을 잘 감당하는 교회를 기대하며 제가 할 수 있는 것을 충실히 행하겠습니다.

38 생명의 은혜와 돈에 대한 사랑, 여전히 공존하고 있지는 않는가?

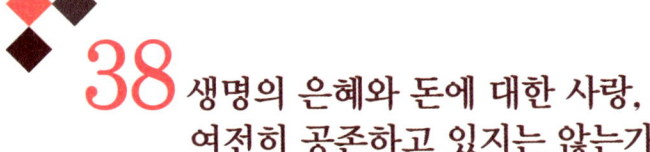

"이에 주인이 그를 불러다가 말하되 악한 종아 네가 빌기에 내가 네 빚을 전부 탕감하여 주었거늘 내가 너를 불쌍히 여김과 같이 너도 네 동료를 불쌍히 여김이 마땅하지 아니하냐 하고" 마태복음 18:32-33

목사님, 저는 돈을 사랑하는 것은 아닙니다. 그렇지만 조금 계산적이고 손해 보기 싫어하는 것은 분명합니다. 지금은 교회도 다니고 하나님도 잘 섬기고 있지만 이 부분에 아직도 민감한 편입니다. 경제적으로 손해가 날 것 같으면 망설여지고 그 문제에만 집중하게 됩니다. 혹시라도 신앙생활과 관련하여 손해가 나면 더 예민해집니다. 기도로 나아가기보다는 오히려 마음이 멀어지게 되면서 신앙생활을 게을리하게 됩니다. 저는 열심히 교회에 다니는데 경제적인 부분까지 책임져 주지 못하는 하나님이 조금 원망스럽거든요. 물론 이런 모습을 고쳐야겠다고 생각은 하지만 한편으로는 '이게 다 우리 가족 먹여 살리려는 것인데……' 하는 생각이 듭니다. 아무튼 나를 구원하시고 생명을 주신 하나님께 감사하기는 하지만 이 부분에서도 적극적으로 도와주시면 더 감사할 수 있을 것만 같습니다.

교회에 다니지만 변화가 없다

비행기 사고에서 살아남은 사람들은 사고 이후 삶을 대하는 자세가 달라진다. 그런데 우리는 죽음에서 건짐을 받고 하나님을 만났음에도 삶의 의미에 대해서 별다른 생각을 하지 않는다. 특별한 확인이나 재발견, 변화 같은 것이 없다. 그러면서도 자신은 분명히 하나님과 만났다고 주장한다. 또한 교회도 잘 다니고 있으니 스스로 문제없다고 생각한다. 하지만 교회에 잘 다니는 것이 제대로 된 좋은 신앙생활을 하고 있다는 것을 증명해 주지 않음을 우리도 다 안다. 교회는 다른 목적으로도 얼마든지 다닐 수 있다.

우리는 신앙생활에 있어 교회에 얼마나 잘 나오느냐보다 받은 은혜에 얼마나 반응하고 있느냐가 중요하다는 것을 알아야 한다. 하지만 안타깝게도 우리는 은혜를 생각하고 있기는커녕 이윤을 늘리고 과거의 손해를 해결하는 데에 여전히 많은 관심을 쏟고 있다. 나는 만 달란트나 탕감을 받았지만 남에게 백 데나리온도 탕감해 주지 못하는 사람과 같은 모습이다마 18:27-28.

이처럼 우리 안에는 생명의 은혜와 돈에 대한 사랑이 공존한다. 하나님을 만나면 바뀌어야 하는데 돈에 대한 사랑이 그대로 유지되는 것이다. 이러한 태도는 하나님을 믿는다고는 하지만 돈을 위해 믿는 것이기 때문에 우상 숭배나 다름없다. 빚을 탕감받아 잠깐은 좋았지만 결국 다시 옥에 갇힌 종과 같은 모습이다마 18:32-34. 이런 식으로 교회에 다니면 잠깐은 좋아 보이지만 결국에는 세상 사람보다 못한 심판을 받게 된다.

돌로 떡 만드는 냄새가 난다

변화를 외면한 채 계속 죄를 지으면서 살아가는 사람들이 있다. 그런 사람들은 평안을 추구하고 많은 돈을 버는 것과 직분을 얻는 것에 관심을 보인다. 당연히 그런 사람들은 자신에게 문제가 있는 줄은 모른다. 이런 사람들은 사탄이 돌로 떡을 만들라고 할 때 그에 반응하는 사람과 같다. 그들 옆에 있으면 돌로 떡 만드는 냄새가 난다. 사탄의 시험에 대한 이야기가 계속 강조되어야 하는 것은 우리가 예수님처럼 한 번에 승리하기 어렵기 때문이다. 우리는 사탄의 물질적인 시험에 계속 부딪히고 흔들린다. 하나님의 뜻을 양식으로 삼지 않으면 어쩔 수 없이 이런 삶을 살게 된다.

또한 자신에게 유리한 것이 무엇일지 생각하는 사람은 하나님을 통해 인생을 바꾼 사람이 아니다. 교회에서 성도들과 인사를 하는 하나의 형태로 "승리합시다" 하고 말할 때가 있다. 이 말이 '기도의 결과가 임할 때까지 잘 버텨 보자'는 말로 사용되어서는 안 된다. '매일 부딪히는 시험에서 이기자'는 의미로 서로 독려하기 위해 사용됨이 마땅하다.

교회가 점검해 주어야 한다

안타깝게도 많은 성도가 사탄과의 만남을 통해서는 잘 변하면서도 하나님과의 만남을 통해서는 도무지 변하지 않는다. '이런 것은 죄구나', '이런 것은 생명의 삶이 아니구나' 하면서 바뀌어야 하는데 그러한 판단에서부터 실패한다. 그뿐만 아니라 교회 안에는 하나님을 섬긴다고 하면서도 하나님을 못 만났거나, 하나님과의 만남을 무시하는 사람이 있다. 이처럼 변화되지 않고 시험에 이기지 못하는 성도들을 위해 하나님이 주신 장치가 교회다.

교회는 두세 사람을 통해 성도의 상태를 확인해야 한다. "두세 사람이 내 이름으로 모인 곳에는 나도 그들 중에 있느니라"마 18:20는 말씀은 단순히 두세 사람만 있으면 그곳에 예수님이 계시겠다는 뜻이 아니다. 서로 돌아보며 영적인 변화와 성장을 돕는 두세 사람이 모여야 그곳이 바로 예수님이 계시는 교회다운 교회가 이루어진다는 것이다.

그런데 안타깝게도 오늘날 많은 교회가 진정한 변화를 촉구하면서 돕기보다는 드러나는 행실만 가지고 평가한다. 그리고 그런 방식으로 성도들을 인정하고 칭찬해 주면서 그냥 안주하게 된다. 교회에 유리한 대로 사람을 대하고 평가하고 가르친다.

교회는 받은 은혜를 가지고 어디에 써야 할지 고민하는 사람을 찾아야 하는 곳이다. 그렇게 찾은 성숙한 한 사람을 교회가 더 이끌어 주어야 한다. 반대로 예수님을 만났다고는 하지만 티가 안 나는 사람, 오병

이어의 열두 광주리 기적이 없으면 배신하는 사람도 찾아내야 한다. 이들에게 '예수님 믿으면 천국 간다'는 사실만이 아니라 '제대로 안 믿으면 지옥 간다'는 사실도 분명히 기억할 수 있게 해주어야 한다.

우리가 받은 탕감의 은혜는 무엇이었는가? 만 달란트를 탕감받은 자가 돈에 대한 사랑을 버리지 못해 결국에는 그 빚을 다시 갚으라는 말씀을 들었음을 기억해야 한다. 분명하고 정확하게 심판과 면류관을 주시는 하나님을 잊어서는 안 된다.

❶ 하나님이 주시는 은혜에 감격했던 순간을 떠올리며, 앞으로 내가 어떻게 살아야 할지 다시 한 번 결단해 봅시다.

❷ 혼자가 아닌 동역자와 함께할 때 시험을 이길 수 있는 이유는 무엇인지 생각해 봅시다.

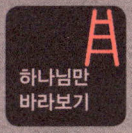

하나님, 저는 그동안 저 자신에 대해 문제가 없다고 생각했습니다. 드러나는 행위만 보아도 전혀 문제 될 만한 것이 없었고 오히려 다른 사람들에게 본보기가 될 만하다고 자부했습니다. 주일성수나 십일조도 기본적으로 잘하고 있고, 교회에서 참여하라는 것도 특별한 일이 없는 한 다 참여했기에 자신만만했습니다. 그러나 그것이 저의 잘못된 생각이었음을 인정합니다. 교회는 오래 다녔지만 아무런 변화가 없이 여전히 세상 것을 좇았습니다. 그것이 당연한 줄로만 알고 안일하게 생각했습니다. 하나님, 이제 매일매일 제 자신이 하나님 앞에서 합당한 삶을 살고 있는지 점검하겠습니다. 그리하여 시험에서 능히 승리할 수 있는 자녀가 되겠습니다.

39 나는 남들이 볼 때 정상인가, 하나님이 볼 때 정상인가?

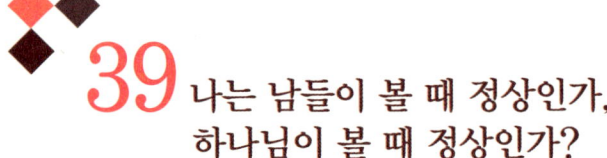

"그러므로 예수께서 자기를 믿은 유대인들에게 이르시되 너희가 내 말에 거하면 참으로 내 제자가 되고 진리를 알지니 진리가 너희를 자유롭게 하리라" 요한복음 8:31-32

목사님, 저는 우리 교회를 10년 넘게 섬겨 왔습니다. 그런데 얼마 전에 목사님이 새로 부임하셨는데 솔직히 마음에 들지 않습니다. 예전 목사님은 신유의 은사도 있으시고 영성이 넘치는 분이었는데 새로 오신 목사님은 그러지 않거든요. 설교 말씀은 좋지만 기도도 너무 조용조용히 하고, 어째 영성이 권사님들보다도 못해 보입니다. 아직 얼마 되지 않아 함부로 말하기는 그렇지만, 저런 분이 과연 우리 교회를 잘 이끄실 수 있을까 걱정이 됩니다. 사실 저에게는 지금 많은 어려움이 있어서 강력하게 의지할 분이 필요하거든요. 예전 목사님이었으면 많이 의지가 되었을 텐데 새로 오신 목사님은 아직은 신뢰가 가지 않아서 걱정입니다. 아마 저와 같은 생각을 하는 성도들도 꽤 있는 것 같습니다.

'정상'이 '비정상'으로 보이는 현실

오늘날 교회는 훌륭한 리더가 없는 것이 문제가 아니다. 교회 안에 이상한 사람이 많은 것이 문제이다. 목회자든 성도든 세상 사람처럼 죄를 저지르는 사람이 너무나 많다. 그러고도 그들은 아무렇지 않게 당당히 살아간다. 가장 적게 투자하고 가장 많이 버는 것을 노리면서 여전히 종교 생활을 이어 간다.

예수님은 예수님의 말씀을 알아듣지 못하는 유대인들에게 계속해서 진리의 말씀을 알려 주셨다. 그러나 그들은 진리를 알고 싶어 하기는커녕 더 완고한 태도를 보였다. 자신들은 하나님의 구별된 자녀라며 당당하게 나온 것이다. 유대인들은 이런 '비정상'적인 모습을 보이면서도 자신들이 '정상'인 줄로만 여기고 있었다. 그래서 예수님을 따르는 소수의 정상적인 사람들을 오히려 비정상으로 생각하였다. 안타깝게도 지금도 그때처럼 비정상인 사람들이 정상인 사람들보다 더 많다. 세상에는 물론이고 교회 안팎에서도 오히려 비정상인 사람들이 더 많기에 정상으로 여겨지곤 한다.

본래 문제가 있을 때 누군가 고쳐 주려고 하면 고마워할 줄을 알아야 한다. 그리고 하나라도 더 고치려고 해야 한다. 자동차에 문제가 생겨 정비소에 갔을 때, 몸이 좋지 않아 병원에 갔을 때 문제 되는 것이 있다면 어떻게든 찾아서 더 고치고 싶어 하는 것이 마땅하다. 그러나 유대인들은 자신을 고쳐 주려고 오신 예수님을 계속 못마땅하게 여겼다.

우리는 우리를 고쳐 주시는 하나님의 뜻에 따라 온전한 사람으로 바꾸어 가야만 한다. 이 세상에서 온전한 인간이 되는 것은 불가능하다며 나아지기를 포기해서는 안 된다. 하나님을 닮아 가도록 끊임없이 노력하면서, 고쳐 주려고 하실 때 겸손히 반응해야 한다. 안타깝게도 교회 안에 유대인들처럼 고침을 싫어하고 심지어 자신은 더는 고칠 게 없다고 생각하는 사람들도 있다. 그래서 말씀 듣기도 싫어한다.

'정상'을 향하여 나가는 길

그렇다면 정상의 모습은 어떤 것인가? 정상적으로 하나님의 치유에 올바르게 반응한다는 것은 어떤 모습인가? 그런 하나님의 치료로 인해 우리가 고쳐졌다는 증거는 무엇인가? 그것은 바로 삶의 목표가 바뀌는 것이다. 만약 삶의 목표가 바뀌지 않았다면 여전히 사탄의 자녀로 살아가고 있는 것이다. 올바로 고쳐져서 정상으로 살아가는 사람은 하나님의 기준과 목표에 반응하여 세상 사람들을 예수 믿게 하는 일, 제자 삼는 일에 힘쓰게 된다. 하나님은 이렇게 정상적인 사람이 발견되기를 간절히 바라신다.

주일성수하고 자기 나름의 판단에 따라 신앙생활하는 것에 만족한다면, 혹은 착하게 사는 것만으로 만족한다면 자신이 정상인지를 다시 한 번 생각해야 한다. 혹은 '이순신같이 위대한 지도자가 교회에 있으면 다 바뀔 텐데'라고 생각하고 있다면 이 역시 심각한 것이다. 책임을 리더에게 전가하는 것은 무책임한 일이다. 영적인 리더를 통해 우리 신앙이 쉽게 고침 받는 것이 아니다. 리더를 통해 자신이 바뀌기를 원한다면 수없이 많은 속 썩음과 비통함과 배신감을 견뎌야 한다. 리더란 도움을 줄 수는 있지만 결국에는 각자가 싸워야 할 영적 전투가 있음을 알아야 한다.

하루가 멀다 하고 언론에 보도되는 군대 내 폭행 사건 등에서도 마찬가지다. 부대 내에서 폭행이 일어나는 것을 수십 명이 넘는 사람이 보고도 다 모른 척하고 지나갔다고 한다. '나 말고도 누군가 저 사람을 책임지고 도와줄 사람이 분명히 있을 것이다'라고 착각했기 때문이다. 책임을 전가하면서 피했기 때문이다. 우리도 지금 문제 앞에서 리더만 찾고 스스로 싸우려고 하지 않는 것은 아닌가? 각자에게 맡겨진 싸움을 하나님 안에서 스스로 싸워 나가는 것이 바로 정상임을 깨달아야 할 것이다. 하나님은 그 권리를 우리들 각자에게 주셨다.

정상적인 것이 가장 큰 축복이다. 영성이 남다르게 뛰어나 보이고 신령해 보이는 것은 그리 중요하지 않다. 기본적으로 정상적인 상태만 되어도 하나님은 기뻐하신다. 성경에서도 우리에게 위대한 사람이 되라고 강요하지는 않는다. 정상적인 사람이 될 것을 가르친다. 비정상으로 죄지은 아담과 하와를 시작으로 수많은 비정상적인 사람이 성경에 등장하는데, 그들처럼 되지 말라고 끊임없이 가르쳐 주시는 것이다. 아벨과 에녹같이 정상을 보여 주시며 정상이 되라고 하신다.

우리는 오늘날 교회 안에 있는 이상한 것들을 잘 분별할 수 있어야 한다. 같은 성경을 보는데도 어떤 이는 교회 나오는 것 자체를 비롯하여 형식적인 것들로만 사람을 판단하려고 한다. 그런데 문제는 대부분의 사람이 그렇게 생각하니 그것이 마치 정상인 양 여겨지고 있다는 것이다. 옳은 말이라고 해도 소수가 말하면 비정상으로 치부해 버리는 것이 현실이다. 하나님의 뜻이 기준이 아니고 많은 사람이 택하는 것이 정상의 기준이 되어 가고 있는 것이다.

정상적인 생각을 하는 정상인이 되어야 그 안에 진리가 온전히 자리 잡게 된다. 진리의 자리로 옮겨 가야 진리가 우리 안에서 일하기 시작한다. 사탄과 손잡고 정상이 되기를 바랄 수는 없다. 물론 비정상에서 정상으로 옮기는 것이 쉽지는 않다. 성령과 말씀으로만 가능하다. 고민하고 탄식하고 애통해야 한다.

정상이 되는 길이 좁고 험하더라도 성령과 말씀에 비추어 그 길을 선택해야 한다. 그것이 하나님의 뜻이라면 누가 뭐라 해도 그 길을 택해야 한다. 예수님도 비정상으로 취급을 받으시며 사역하셨지만 정상인을 만들어 내셨음을 기억하며 나아가야 한다.

❶ 교회 안에서 하나님의 말씀에 비추어 판단하기보다 다수의 말에 근거하여 판단하고 따르지는 않았는지 돌아봅시다.

❷ 영성이 뛰어난 리더가 내 옆에 있다면 내가 변할 수 있을 거라고 믿으며 그러한 리더를 찾는 데 많은 시간을 헛되이 쓰지는 않았는지 돌아봅시다.

하나님, 저는 그동안 비정상적인 모습으로 살아왔습니다. 그럼에도 그것이 이상한 것인 줄도 모르고 저 자신을 정상적인 사람이라고 우겼습니다. 다른 사람도 다 그렇게 살고 그렇게 생각하니 저도 문제없다고 여긴 것입니다. 이제 하나님의 뜻에 비추어 정상인 사람이 되고, 이로써 하나님을 기쁘시게 해드리고 싶습니다. 정상인 사람이 되어서 삶의 목표부터 바꾸고 영적 전투 안에서도 혼란을 느끼지 않고 승리하기 원합니다. 이제는 남에게 책임을 전가하거나 남을 의존하면서 신앙생활을 하지 않겠습니다. 오직 하나님의 뜻에 반응하면서, 제 스스로 일어나 그 뜻에 순종하며 살겠습니다.

40 나는 우리나라를 위해 기도하는가, 하나님 나라를 위해 기도하는가?

"이 일이 있은 후에 바울이 마게도냐와 아가야를 거쳐 예루살렘에 가기로 작정하여 이르되 내가 거기 갔다가 후에 로마도 보아야 하리라 하고" 사도행전 19:21

목사님, 저는 교회도 사랑하고 나라도 사랑합니다. 성경에 나온 인물들처럼 나라를 위해 기도도 참 많이 합니다. 정말로 우리나라가 하나님이 쓰시는 최고의 나라가 되고 선교 한국이 되어서 이 세상을 영적으로 정복했으면 좋겠습니다. 또한 이런 마음으로 기도하고 노력해야 우리나라가 선진국이 될 수 있다고 믿습니다. 제가 아는 유명한 교회에서도 다 이렇게 가르치니 신앙인이라면 모두가 이를 추구해야 한다고 생각합니다. 이번 주에도 저는 광장에서 열리는 구국기도회에 나갈 것입니다. 그런데 이런 모임에도 잘 나가지 않는 성도들을 보면 답답합니다. 애국심도 없는 신앙인이 과연 진짜 신앙인인지 한심하기 이를 데 없습니다.

하나님이 이상한 분으로 몰리고 있다

이스라엘을 징계하는 데 사용된 가해 국가들은 자신들의 탐심과 잔인함으로 그 일을 했다. 그리고 사용된 후에는 심판을 받았다. 누군가는 이 심판이 그 나라 입장에서 보면 억울할 것이라고 말할 수도 있을 것이다. 그러나 그렇게 가해국이 된 것이 하나님의 뜻이라며 그 나라를 향해 선하다고 말할 수는 없다. 그들은 죄성 안에서 가책 없이 죄를 행한 것이다. 사용된 것과 하나님의 뜻을 따른 것은 차원이 다른 문제이다.

만약 가해가 하나님의 뜻이 된다면 사람들은 정말로 신나게 죄를 짓게 된다. 이슬람의 테러와도 같은 원리이다. 그들은 '인샬라만약 신의 뜻이 그러하다면' 하면서 "받아들이라", "참아라" 하고 말한다. 그러면서 자신들에게 저주가 임할까 봐 죄지은 자식을 알라의 이름으로 죽이기까지 한다.

무엇이든 하나님의 뜻이라고 하는 것, 혹은 무작정 받아들이라고 하는 것은 잘못된 신학이다. 이것은 하나님을 악하신 분으로 만드는 것일 뿐이다. 이는 하나님의 사람을 악인으로 만들고 악에 저항하는 사람들은 하나님의 뜻을 거역한 사람들로 만들기 때문이다.

이처럼 우리는 하나님의 뜻을 완전히 곡해하여 해석할 때가 많다. 우리 손으로 하나님을 이상한 분으로 몰아가고 있는 것이다.

하나님의 뜻이 곡해된다면 두고 봐야만 하는가

하나님의 뜻을 곡해하는 것은 그뿐만이 아니다. 언제부터인가 사람들은 우리나라를 새 예루살렘이라며 하나님이 택하신 나라, 특별한 나라라고 자부하기 시작했다. '조선'이 영어로 'chosen선택된'과 비슷하다며 선택된 나라라고 주장하기도 한다. 그리고 이것을 애국심과 결합해서 하나님의 힘으로 이 땅에 힘 있는 강대국을 세워 보자고 말한다. 하지만 이렇게 하나님의 뜻을 한 지역에, 한 나라에 국한하려는 것은 사탄에게 이용되기 쉽다는 것을 알아야만 한다. 신앙심과 애국심이 잘 맞아떨어지는 것처럼 보이지만 오히려 하나님의 뜻과는 멀어지고 있는 것이다. 좋은 나라를 만들고 싶다면 각 사람이 하나님의 의를 이루며 살면 된다. 각지각처에서 정의를 실현하면 된다. 단체와 집단을 만들어서 시스템적으로 대처해 나가면 된다. 유럽에 정직과 원칙이 정착될 수 있었던 것은 비리에 대한 엄청난 벌금과 처벌을 부과했기 때문이다. 그렇게 하면 당연히 좋은 나라가 된다.

또한 어떤 사람은 "우리나라는 하나님이 택하신 나라다. 우리는 하나님 앞에서 더 부자가 될 수 있다. 그러니 믿지 않는 자들도 빨리 예수를 믿어야 한다"는 논리를 주장하기도 한다. 이렇게 하면 예수 믿게 해야 할 이유가 더 잘사는 나라로 만들기 위함이 된다. 우리나라는 특별하게 사용되는 하나님의 나라가 되어야 하니, 하나님이 벌하시지 않도록 해야 한다는 것이다. 많은 교회, 특히 일부 대형 교회에서 이렇게 공통적으로 말하다 보니 성도들은 이것이 옳은 줄로만 안다. 물론 대형 교회는 헌신과 성실과 열심으로 많은 투자를 했고, 눈에 띄는 성과들을 이루어 왔기에 긍정적인 면들도 많이 가지고 있다. 그러나 안타깝게도 그 조직이 거대하다 보니 함부로 가르치기가 어렵다. 이제 와서 다름을 강조하면 적이 되어야 하니 망설여지는 것이다. 하지만 내버려 두어서는 안 된다. 성도들이 올바른 영성의 방향으로 흘러가지 못하게 되는 현상은 사탄이 기뻐할 일이기 때문이다.

대세에 휩쓸리지 말고 자기 길을 가라

바울은 에베소에서 사역할 때 한마디로 대 히트를 쳤다행 19:20. 그가 가는 모든 곳에서 큰 세력을 얻는 존재가 된 것이다. 그러나 그는 거기서 멈추지 않았다. 멈출 수 없었다. 사실 에베소에서 대 부흥을 경험했으면 그곳을 터전 삼아 더 큰 교회를 만들어 볼 수도 있었을 것이다. 그러나 그는 자신이 달려갈 길을 알았다. 달려갈 목표를 알았다. 그에게만 주신, 그 당시의 사명을 알았다. 더 멀리 나아가 더 많은 곳에 복음을 전하고자 했다.

또한 바울은 이스라엘의 회복을 위해서 죽기까지 일하지 않았다. 흩어진 유대인의 인권을 위해서 일하지도 않았다. 그는 끊임없이 복음이 필요한 사람을 찾아다녔다행 19:21. 조직의 수장이 되고, 더 중요한 인물이 되고, 더 많은 것을 누리고, 평안하게 의를 행하며 사는 것은 그의 목표가 아니었다. 그는 애국자도, 민족주의자도 아니었다. 그는 오직 하늘의 시민, 하나님의 나라와 교회를 위해서 살았다. 예수님을 위해 살았다.

이제 우리에게 주신 복음에 대한 목표가 무엇인지를 찾아야 한다. 하나님께서 우리나라를 사용하시도록 하는 것이 최대의 사명이 아니다. 나라가 부강해지는 것이 하나님의 뜻이 아니다. 부르심을 받은 사람이 있다는 것은 보내심을 받은 곳이 있다는 것이다. 보내심이 없는 부르심은 없다. 우리는 '누군가에게', '어딘가로' 가는 부르심을 입었다. 그 부르심에 준비되어 있는 사람이 되자.

❶ 애국심과 신앙심이 결합하여 우리나라를 하나님의 나라로 건설하자고 외치는 것만이 우리가 가져야 할 위대한 비전이라고 여기지는 않았는지 생각해 봅시다.

❷ 내가 하나님의 사명을 위해 할 수 있는 일이 무엇인지 생각해 봅시다. 기도 가운데 오늘 해야 할 일을 한 가지 생각해 봅시다.

하나님, 저는 그동안 성경을 보면서 하나님을 오해할 때가 많았습니다. 각 나라를 이끄신 하나님의 인도하심을 보며 인간의 뜻을 하나님의 뜻으로 오해하기도 하였고, 하나님의 뜻을 인간의 뜻으로 곡해하기도 하였습니다. 그런 잘못된 생각으로 인해 우리나라가 나아가야 할 방향에 대해서도 그릇된 생각을 하였습니다. 그저 예수 잘 믿고 부강해지면 된다고 생각했던 것입니다. 이제 저 자신부터 돌아보겠습니다. 저를 향하신 하나님의 뜻을 온전히 알고 제가 하나님 앞에 바로 서는 것부터 시작하겠습니다. 그리고 지금 저를 부르시고 이끄시는 주님의 음성에만 집중하겠습니다. 매일 하나님의 음성에 귀 기울이고 그날 계획하신 부르심에 온전하게 반응하는 사람이 되겠습니다.

에필로그

　교회가 엉망이다.
　많은 사람이 서로 사랑한다고 말은 해도 행동은 그렇지 않고, 앞으로도 제대로 될 것처럼 보이지도 않는다. 분쟁 없는 교회는 거의 찾아볼 수가 없다. 그 이유는 무엇일까? 성도 각자가 엉망이기 때문이다. 성도가 엉망인 것은 신학이 엉망이기 때문이고, 가르침을 잘못 받았기 때문이다. 아니면 가르침을 거부했거나…….
　우리는 '교회의 힘'을 모인 사람의 숫자에서 찾는다. 제대로 됐다면, 잘하고 있다면, 사람들이 모일 것으로 생각한다. 그런데 우리가 가는 길은 좁은 길이고 좁은 문인데, 이 논리는 무언가 조금 이상하지 않은가?
　이런 생각이 바뀌지 않는 한 제대로 된 말씀은 가르칠 수 없다. 왜? 이런 상태에서 제대로 가르쳤다가는 오히려 목회자의 인기가 떨어질 것이고, 자연히 모이는 숫자가 줄어들 것이기 때문이다. 숫자가 줄면 헌금도 줄 것이고, 그렇게 되면 힘없는 교회가 된다. 그건 용납할 수 없지 않은가. 많은 교회가 얼마나 숫자에 연연해하는 사역들을 하는지 보라. 성도들 눈치가 보여서 제대로 책망하지도 못한다. 논란이 될 문제에 대해서는 잘 이야기하지 않는다. 십일조, 주일성수, 기도의 분량, 봉사, 주의 종 섬김을 강조하고, 그래야 복을 더 많이 받는다고 가르친다. 도덕과 윤리, 사회 변혁과 정치, 나라 걱정, 경제, 교회 부흥에 대한 이야기만으로도 할 말은 넘치고 성도는 모인다. 일단 교회가 크고 나면, 성도의 숫자가 줄어도 견딜 만할 때가 되면 제대로 말할 수 있을 것으로 생각한다. 그러나 그때는 성도들이 받아들이지 않는다. 사람들은 세월이 지날수록 하던 대로 하지 않으면 안 된다는 강박에 시달린다. 하던 대로 해야 직성이 풀린다. 무엇 하나 바꾸려 하면 엄청난 반기를 들고 일어선다.

 말씀대로 살고자 하면서도 이토록 변화하지 못하는 이유는 그렇게까지 하지 않아도, 깨닫거나 고치지 않고도 지금까지 잘해 왔다고 생각하기 때문이다. 진짜 위기는 교회가 변하지 못했다는 것인데 숫자가 줄고, 기도한 만큼 복을 못 받고, 종북자들이 늘어나는 것 정도만 위기로 느끼는 것이다.

 예수님이 살아 계실 당시의 유대인들은 어땠나? 기적을 보고 다가왔지만 말씀을 따르라고 하자 모두 떠나갔다. 그토록 많은 기적이 있었지만 목숨을 걸고 따를 만큼의 믿음으로 연결되지 않았다. 기적을 보고 따라온 자는 오히려 예수님이 피했고, 예수님의 말씀은 그들에게 큰 부담이 되었다. 그들은 자기들이 아는 수준에 비해 말씀이 너무 어렵다고, 그런 예수님을 믿을 수 없다면서 떠나갔다. 그것도 모자라 그들은 예수님을 미워하는 것으로 결론을 내리고 나무에 매달아 죽였다. 예수님은 해명할 기회조차 없으셨다. 그런데 그런 예수님이 부활하셨다. 인간의 부르짖음에 응답하신 것이다. 그럼 이제 모든 것은 끝난 것인가? 결코 그렇지 않다. 예수님은 못 믿겠지만 기적을 보고 따랐던 사람들이 이제는 부활의 축복을 바라며 따르겠다고 나선 것이다. 그들은 여전히 자신의 부활에 관심이 더 컸다. 이것이 바로 오늘날까지도 이어지는 교회의 가장 큰 위기이다.

  자기에게 유익한 것이라면 취하고 버리는 것을 염치없이 반복하느라 진리를 살아내지 못한다. 영생을 주시고, 복 주시고, 인도하시고, 기도에 응답하시고, 보호하시고, 고치시고, 상급을 준비하신다는 이유로 많은 사람이 예수님을 따른다. 안 믿을 이유가 없다고 말한다. 안 믿는 자들이 바보라고 말한다.

  자, 이제 문제가 무엇인지 보이는가? 보이지 않는다면 당신도 잘못 알고 있는 것이다. 무엇보다 중요한 것은 예수님이 인기가 있고 없고 하는 문제는 각 개인의 신학, 다시 말해 '필요'에 달려 있다는 것이다. 신학이라고 거창하게 말했지만, 개인의 신학이란 신에게서 무엇을 얻을 것인가에 대한 각자의 욕구일 뿐이다. 모이고 떠나는 문제가 자신의 필요에 근거하는 것이다. 성경은 그것을 '죄'라고 말한다. 부르심을 오해하는 것이다. 겸손하게 열심히 바라는 것도 죄다. 금식하며 기도해도 죄다. 적당히 미뤄 놓고 있어도 죄다. 비록 '필요'로 시작했을지라도 우리는 주인과의 사랑으로, 하나님을 기쁘시게 함으로 연결되어야 한다.

  편한 것 좋아하고, 받는 것 좋아하고, 쉬운 것 좋아하고, 덮어놓고 좋아하고, 남들 좋아하는 것 좋아하고, 그러다가 그냥 싫어지기도 하는 우리 인간의 성격으로는 보이지 않는 하나님과 그가 보내신 예수 그리스도, 한 번도 본 적 없는 그분을 사랑하며 따르기가 어디 쉽겠는가?

  신학을 다시 들여다봐야 한다. 그리고 오해를 풀어야 한다. 그러려면 자존심이 좀 상해야 한다. 시간을 들여야 하고, 기록해야 하고, 실천하고 확인하고, 반복해야 하고, 토론해야 한다. 부담스럽고 억울할 수도 있다. 그렇다 할지라도 거기에 우리가 살 길이 있다. 우리가 받은 사명은 안심하며 다닐 수 있는 교회를 찾아 거기서 나름 헌신하고 정붙이며 살아가는 것이 아니다. 영적인 능력이 넘치는 목사 만나서 기도를 받으며 사는 것이 아니다. 사명을 혼돈하지 마라. 쉽게 따라갈 생각을 버려라. 예수님은 자기 십자가를 지고 따라가라고 하셨다.

  당신이 교회다. 그래서 당신이 희망이다.
  나는 실력 있고, 자유하고, 신실한 주님의 사람들이 이미 있었고 앞으로도 있으리라는 사실을 의심치 않는다. 우리도 참된 믿음의 도를 따라 노력해야 하고, 참된 교회를 만들기 위해 포기하지 않고 시도해야 한다. 그러는 가운데 살아나는 사람이 나온다.
  이것이 바로 하나님의 기쁨이 된다.

에필로그

초판 발행 | 2015년 2월 2일

지은이 | 이승현
발행처 | 마음지기
발행인 | 노인영
편 집 | 이상희·이초롱
디자인 | 라이트하우스
제 작 | 오윤제

등록번호 | 제 2012-000083
주소 | 서울시 구로구 공원로 3, 208호
전화 | 02-6341-5112~3   **FAX** | 02-6341-5115
이메일 | maum_jg@naver.com

※ 책 값은 뒤표지에 있습니다.
※ 잘못 만들어진 책은 바꿔 드립니다.

ISBN 979-11-952555-6-6 03230

이 도서의 국립중앙도서관 출판예정도서목록(CIP)은 서지정보유통지원시스템 홈페이지(http://seoji.nl.go.kr)와 국가자료공동목록시스템(http://www.nl.go.kr/kolisnet)에서 이용하실 수 있습니다.(CIP제어번호: CIP2015001678)

마음지기는……

성공은 사람을 넓게 만듭니다. 그러나 실패는 사람을 깊게 만듭니다. 마음지기는 성공을 통해 그 지경을 넓혀 가고, 때때로 찾아오는 어려움을 통해서 영의 깊이를 더해 갈 것입니다. 무슨 일에든지 먼저 마음을 지킬 것입니다.

높은 산꼭대기에 있는 나무의 뿌리가 산 아래 있는 나무의 뿌리보다 깊습니다. 뿌리가 깊기에 견고히 설 수 있습니다. 마음지기는 주님께 깊이 뿌리내리고 그 어떤 상황에서도 주님을 찬양할 것입니다.

"하나님과 가까이 교제하고 교감하는 사람은 그렇지 못한 사람보다 더 행복하다"라고 마시 시머프는 말했습니다. 마음지기는 하나님과 교감하고 교제하기 위해서 하루 24시간을 주님과 동행할 것입니다.

"모든 지킬 만한 것 중에 더욱 네 마음을 지키라 생명의 근원이 이에서 남이니라" 잠언 4:23